시사 일본어능력시험 JLPT 합격 시그널

저자 上田暢美, 内田嘉美, 桑島卓男, 糠野永未子, 吉田歌織, 若林佐恵里, 安達万里江

모의고사 N1 독해

5회분

시사일본어사

머리말

여러분 안녕하세요. 처음 뵙겠습니다. 이 책을 펼치신 여러분은 행운아입니다. 일본어능력시험 합격에 한 걸음 다가섰다고 생각합니다.

왜냐하면 이 책은 문제 수가 많기 때문입니다. 저희는 그동안 오랜 기간 일본어 교사 생활을 거치며, 일본어능력시험에 합격을 하기 위해서는 최대한 많은 문제를 풀면서 다양한 어휘와 표현을 익혀야만 합격에 가까워진다는 것을 경험해 왔습니다. 그래서 실제 일본어능력시험 유형에 맞춘 다량의 문제를 수록하였습니다. 합격을 목표로 많은 문제에 도전할 수 있습니다. 실제 시험처럼 시간을 재서 문제를 풀어 보고, 틀린 문제는 다시 풀어 보세요. 확실히 외울 때까지 여러 번 풀어 보세요. 그러면 합격은 바로 눈앞에 있을 것입니다.

자, 일단 문제집을 펴고, 풀어 보고 익혀 보세요. 그리고 합격해 주세요.

여러분을 응원하겠습니다!

저자 일동

목차

이 책의 사용법

이 책은 아웃풋(output) 연습으로 사용하는 것을 염두에 두고 만들었지만, 인풋(input) 수단으로도 이용할 수 있습니다. 즉, 여러분의 현재 실력을 실전 문제 형식을 통해 확인할 수도 있고, 새로운 지식을 습득할 수도 있습니다. 다음에 제시하는 교재 사용법을 참고하여 학습에 도움을 받으시길 바랍니다.

1. 여러 번 풀어 보기

시험 공부는 절대량이 중요합니다. 특히 틀린 문제를 그대로 두면 문제를 푸는 의미가 없습니다. 몇 번이고 다시 풀어서 지식을 자신의 것으로 만드세요.

예 네 번씩 풀어 보기

첫 번째: 문제집에 직접 쓰지 말고 노트에 풀어 본다. 풀지 못한 문제는 표시해 둔다.

두 번째: 문제집에 직접 쓰지 말고 노트에 풀어 본다. 표시가 있는 것을 풀어 본다. 또 다시 풀지 못한 문제는 새로 표시해 둔다.

세 번째: 문제집에 직접 쓰지 말고 노트에 풀어 본다. 새로 표시한 문제를 풀어 본다.

네 번째: 시간을 재서 모든 문제를 풀어 본다. 목표 시간보다 짧은 시간 안에 풀도록 한다.

2. 자투리 시간 활용하기

시간이 날 때, 예를 들면 버스나 지하철을 타고 이동하는 도중이라도 틈틈이 문제를 풀어 보세요. 책상에 앉아서 전체를 한번에 다 풀어 보는 학습만이 유일한 방법은 아닙니다.

3. 모르면 해답 보기

최종적으로 본 시험 당일에 풀 수만 있으면 됩니다. 따라서 '도저히 생각해도 모르겠다'고 생각되는 문제는 적극적으로 해답을 보고 지식을 얻어서 익히도록 하세요.

4. 스피드를 우선시하기

첫 페이지부터 시간을 들여 모든 것을 이해하려고 할 필요는 없습니다. 어차피 여러 번 풀어 볼 테니까 처음에는 전체의 절반만 이해해도 성공이라는 마음으로 편하게 생각하세요. 두 번째, 세 번째에 머릿속에 넣으면 됩니다. 그러기 위해서라도 멈추지 말고 신속하게 풀어 나가는 것이 좋습니다.

달성표

	예	1회	2회	3회	4회	5회
첫 번째	10					
두 번째	14					
세 번째	19					
네 번째	25					

다 풀었으면 25문제 중 몇 문제가 정답이었는지 기록해 보세요.

일본어능력시험(JLPT)의 개요

원칙적으로 일본어를 모국어로 하지 않는 사람을 대상으로 일본어 능력을 측정하고 인정하는 세계 최대 규모의 일본어 시험입니다. 1984년에 시작하여 2010년에 새로운 형식으로 바뀌었습니다. N5부터 N1까지 다섯 레벨로 구분되어 있습니다.

+ **주최** 국제교류기금과 일본국제교육지원협회가 공동 개최

+ **개최 시기** 7월과 12월 연 2회 (개최 장소에 따라 연 1회)

+ **개최 장소** 시험에 대한 자세한 내용은 공식 사이트를 참조하세요.
www.jlpt.or.kr

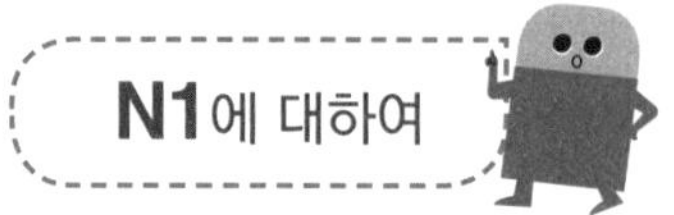

N1에 대하여

+ **시간** 언어 지식 (문자 · 어휘 · 문법) · 독해: 110분
청해: 60분

+ **득점**

종합 득점		득점 구분(영역)					
		언어 지식 (문자·어휘·문법)		독해		청해	
득점 범위	합격 점수	득점 범위	기준 점수	득점 범위	기준 점수	득점 범위	기준 점수
0 ~ 180점	100점	0 ~ 60점	19점	0 ~ 60점	19점	0 ~ 60점	19점

합격을 위해서는 ①종합 득점이 합격에 필요한 점수(=합격 점수) 이상이어야 하고, ②각 영역별 합격에 필요한 점수(=기준 점수) 이상이어야 합니다. 한 영역이라도 기준 점수에 미달할 경우에는 종합 득점이 아무리 높아도 불합격 처리됩니다.

득점은 '척도 득점'을 도입하고 있습니다. 척도 득점은 '등화' 방법을 이용한 것으로, 항상 같은 척도로 측정할 수 있는 득점 방식입니다. 척도 득점을 이용함으로써 시험을 봤을 때의 일본어 능력을 보다 정확하고 공평하게 점수로 나타낼 수 있습니다.

+ 인정 기준 폭넓은 장면에서 사용되는 일본어를 이해할 수 있다.

읽기

- 폭넓은 화제에 대해 쓰인 신문의 논설, 평론 등 논리적으로 약간 복잡한 글이나 추상도가 높은 글 등을 읽고, 글의 구성과 내용을 이해할 수 있다.
- 다양한 화제의 내용에 깊이 있는 읽을거리를 읽고, 이야기의 흐름과 상세한 표현 의도를 이해할 수 있다.

듣기

- 폭넓은 장면에서 자연스러운 속도의 체계적인 내용의 대화나 뉴스, 강의를 듣고, 내용의 흐름 및 등장인물의 관계나 내용의 논리 구성 등을 상세하게 이해하거나 요지를 파악할 수 있다.

+ N1 독해 구성

문제		목표
8	내용 이해 (단문)	생활 · 업무 등 다양한 화제를 포함한 설명문이나 지시문 등 200자 정도의 글을 읽고, 내용을 이해할 수 있는지 묻는다.
9	내용 이해 (중문)	평론, 해설, 에세이 등 500자 정도의 글을 읽고, 인과 관계나 이유 등을 이해할 수 있는지 묻는다.
10	내용 이해 (장문)	해설, 에세이, 소설 등 1,000자 정도의 글을 읽고, 개요나 필자의 생각을 이해할 수 있는지 묻는다.
11	통합 이해	복수의 글(총 600자 정도)을 비교하여 읽고, 비교 · 통합하면서 이해할 수 있는지 묻는다.
12	주장 이해 (장문)	사설, 평론 등 추상성 · 논리성이 있는 1,000자 정도의 글을 읽고, 전체적으로 전달하고자 하는 주장이나 의견을 파악할 수 있는지 묻는다.
13	정보 검색	광고, 팸플릿, 정보지, 비즈니스 문서 등 정보 소재 글(700자 정도)에서 필요한 정보를 찾아낼 수 있는지 묻는다.

1 회

정답 · 해설 – 129p

問題１　次の（1）から（4）の文章を読んで、後の問いに対する答えとして最もよいものを、1・2・3・4から一つ選びなさい。

1회 2회 3회 4회 5회

（1）

うわさの発信源が、いかにウソっぽいゴシップ記事であったとしても、時間が経過すれば信頼性がいつのまにか上昇する。これは、眠っているだけでウソも真実になるという意味から、「スリーパー効果」と呼ばれている現象である。

人は、うわさの発信源については忘れやすく、うわさの面白さだけを記憶に残しがちなのである。うわさを耳にした当初は「ネットの書き込みだし、ただのうわさだろう」と、発信源の危うさを加味して判断するのだが、時間が経つとその部分だけが抜け落ち、うわさの内容だけが記憶に留まるのだ。うわさ話をいつの間にか信じてしまうという現象は、時間が経つほどに誰にでも起きる。それに拍車をかけて、集団という特性が、うわさをもっともらしい真実として定着させていくのだ。

（植木理恵『フシギなくらい見えてくる！本当にわかる心理学』日本実業出版社による）

1　本文の内容に合うのはどれか。

1　うわさのほとんどはネットの書き込みやゴシップ記事がその元である。

2　真実とかけ離れているうわさでも、一晩眠れば真実になる。

3　面白いうわさであるほど、忘れられにくいため、より大きなうわさになる。

4　うわさというのは時間がたてば多くの人によって本当だと思われることがある。

(2)

幸福な家族とはどういう家族のことをいうのだろうか。親子きょうだい仲良く平和でけんかすることもなく、お互いを理解し助け合って生きている。そんな家族がいたらいっそ気持ち悪い。ほどほどのお金もあって、健康で人も羨(うらや)むような……。

家族は近くにいるから常に気になる存在で、言い合ったり、けんかしたり、価値観も違うし、性格も違う。衝突することも多いし、一度確執が生じたら解決することはなかなかむずかしい。そこでお互いに譲り合って、許容出来るかどうかが大事である。

（下重暁子『家族という病』幻冬舎による）

2 筆者の考えに合うのはどれか。

1 幸福な家族とは小さなことでけんかすることなく助け合っている家族だ。

2 お金持ちでなくても、健康に過ごせるのが家族にとって理想だ。

3 仲が良い家族であればあるほど、意見の対立が深刻になるものだ。

4 大切なのは、問題が起こってなかなか解決できなくても、折り合いをつけることだ。

(3)

環境や状況がいくら変わっても、私自身の根幹が変わらないかぎり、何ひとつ変わらない。自分というものは、自分が思う以上に堅牢(けんろう)(注1)なものです。よほど大きな出来事にでも遭遇しないかぎり、おいそれと(注2)は変わらない。「変わりたい」などと言っているうちは、まだまだ。何も変わりはしないのです。

もう「変わりたい」とは思わないことにしました。

そこで考えたのが「閉じる」です。

私の考える「閉じる」は、いったん締めくくり、自分にケリをつけるということ。

ここでいったん締めくくってみて、うまくケリをつけられたなら、また新しいエネルギーが湧いてくるかもしれない。いいえ、自ら意識して閉じるのですから、閉じるエネルギーで、次の新しい扉を開くエネルギーが出てくるに違いありません。

人から閉じられるのではなく、自分から閉じる。これからの自分には何が必要で、何が不要なのか。何を捨てて、何を残すのか。閉じることを通じて、自分の価値観もはっきりと浮かび上がってくるはずです。

(残間里江子『閉じる幸せ』岩波新書による)

(注1) 堅牢(けんろう):丈夫で壊れにくいこと

(注2) おいそれと:簡単に、すぐに

3 筆者がここで言う「閉じる」とはどういうことか。

1 誰かに無理やり変えてもらうこと
2 自分からいったん何かを終わらせること
3 今までの価値観をすべて変えること
4 とにかく新しいことを始めること

1회 2회 3회 4회 5회

(4)

平素は大変お世話になっております。
株式会社マジックワークサポートの山崎です。

誠に勝手ながら、弊社では夏季休暇を下記の通りといたしますのでご案内申し上げます。

【20××年8月10日（金）～8月16日（木)】
（※ 20××年8月17日（金）より通常業務再開）
＊休業期間中もメールを受け付けておりますが、対応は8月17日（金）からとさせていただきます。

★緊急連絡先★
＊サーバーダウンなどの緊急の問題が発生した場合は、恐れ入りますが、下記までご連絡ください。
☆携帯番号：サポート部　山崎　070-56××-31××
☆メールアドレス：yamazaki@××××××.com

ご繁忙の折、何かとご迷惑をおかけすることと存じますが、何卒ご了承くださいますようお願い申し上げます。

4 このメールの件名として、正しいものはどれか。

1 サーバーダウンに関するおわび
2 連絡先変更について
3 夏季休暇のお知らせ
4 休業中のメール停止のご案内

問題 2　次の（1）から（3）の文章を読んで、後の問いに対する答えとして最もよいものを、1・2・3・4から一つ選びなさい。

（1）

いまの世、競争めいたことが多い。そこでは、一時的に勝者や敗者が生まれる。しかし、勝者が敗者にいたわりの手をさしのべるのが、やさしさであるとは、ぼくは考えない。

むしろ、どちらかというと、勝つために無理してたいへんだったろうなと、それが敗者の負けおしみだったらつまらないが、勝敗をこえて敗者が勝者におくるまなざし、そうした人間の心の底の通いあいのほうが、①やさしさと呼ぶにふさわしい。

負けてくやしい、そうした心を人間にとって共通のように言う人もある。しかし、そうばかりでもあるまい。古今東西、ギャンブラーを主人公にした物語では、どうも②そうではない。おそらく、職業的なギャンブラーなら、いちいちくやしがっていては、身がもたないのだろう。

むしろ、負けた自分がいとおしい、そうした自分自身へのまなざしがある。自分も他人も含めて、人間の心の底へのまなざし、それは競争のときには忘れられがちだが、人間を考えなおすとき、ふと浮かぶ心のほうに、やさしさはある。

逆に、調子のよいとき、進むことに、ふとためらうことがある。勝つことを求めることに、むなしさが心をよぎる。「向上」しつづけることへのためらい、そうしたとき、人間のやさしさが思いだされる。

（森毅『まちがったっていいじゃないか』ちくま文庫による）

5　筆者は、何が①やさしさと呼ぶにふさわしいと言っているか。

1　勝者が敗者に対して、健闘をたたえること

2　敗者が勝者に対して、負けおしみを言うこと

3　勝敗にかかわらず、勝者と敗者が心を通い合わせること

4　敗者の悔しさを、勝者が理解すること

6 ②そうとは何を指しているか。

1 勝った者を羨ましく思うこと

2 負けて悔しいと思うこと

3 勝者が敗者をやさしくねぎらうこと

4 勝負に対する感情がないこと

7 筆者は、人間のやさしさとはどんなものだと言っているか。

1 失敗したときに自己を振り返り、調子のよいときに立ち止まって考えられること

2 向上したいという他人の気持ちを理解し、それに寄り添うこと

3 負けた自分をかわいそうだと思うのと同じように、他人に対しても同情すること

4 他人が勝ち続けているときに、それを応援したいと思うこと

(2)

普段本を読むとき、われわれは「あー、面白かった」と思っていればそれでいい。それ以上の気持ちを誰かに説明する必要なんてどこにもないし、主人公の名前を忘れてしまってもかまわない。

ところが、読書感想文となれば、そうはいかない。

「夏目漱石（なつめそうせき）の『坊っちゃん』を読みました。とっても面白かったです」

これでは、なにも伝わらないのだ。

そうではなく、『坊っちゃん』を読んだことのない人にもわかるように、どこがどう面白かったのか言葉を尽くして説明しなければならない。『坊っちゃん』の面白さを、自分の言葉に①<u>“翻訳”</u>していく必要があるのだ。（中略）

感想文を書こうと思うなら、こうして物語の内容、魅力、ポイント、欠点など、あらゆることを自分の頭で整理・再構築し、アウトプットしていかなければならない。

これは非常に面倒で、骨の折れる作業だ。

しかし、いったんこのステップを通過すると、②<u>『坊っちゃん』に対する理解度はまったく違ったものになる</u>。

だってそうだろう。なにも書かなければ「あー、面白かった」だけで終わるはずだった。「なんかよくわかんないけど面白い」で片づけることができた。

ところが、感想文を書くためには、その「なんかよくわかんない」部分に、言葉を与えなければならない。あいまいな記憶、漠とした感情に、論理の串を突き刺さねばならない。書き上げたあと、より深い理解が得られるのは、当然のことである。

（古賀史健『20歳の自分に受けさせたい文章講義』星海社新書による）

8 ここでいう①<u>“翻訳”</u>とはどういうことか。

1 頭のなかにあることを言葉にすること

2 他人が書いた感想文を自分の言葉にすること

3 昔の言葉を今の言葉にすること

4 つまらない言葉を面白い言葉にすること

9 ②『坊っちゃん』に対する理解度はまったく違ったものになるのはどうしてか。

1 あいまいだった記憶が繰り返し読むことで確かな記憶となるから

2 面倒で大変な作業を何度も繰り返さなければならないから

3 書くことで自分でも説明できない思いを論理的に説明しなくてはいけないから

4 読んだ本の内容やあらすじを適当に要約するから

10 筆者の考えと合っているものはどれか。

1 読書をするなら論理的な文章のほうがいい。

2 『坊っちゃん』は魅力的で面白い作品だ。

3 本を読んでもすぐ忘れるから感想を書いたほうがいい。

4 感想文を書くと読んだ内容を深く理解できる。

(3)

人工知能が話題になっているが、あっという間に普及してしまいそうな気がする。パソコンもスマホもそうだった。

人工知能が囲碁(注1)や将棋のプロと対戦するのはもう普通のことだし、人工知能が書いた小説が新人賞の予選を通った事実もある。

そうなると、最終的に人間に残された領域というのは何だろう。

私は短歌作者なので、短歌のことが気になるが、三十一音という短い定型の中で、あらゆる言葉の順列組み合わせが試されてしまえば、①人間の出る幕がないのではないか。それどころか、与謝野晶子(よさのあきこ)風、斉藤茂吉(さいとうもきち)風などという、作風の模倣も簡単にできるだろう。

人間固有と考えられている心というものさえ、研究されて表出されてしまうかもしれない。

ただ、人工知能が進出するのは、まず経済効果の上がる分野からだろうから、あまり経済に関わらない短歌では進出が遅れるだろうと予想はできるが、それはそれでありがたくもない。

たった一つ望みが持てるとしたら、身体性の領域ではないだろうか。たとえば能や歌舞伎で、人工知能が完璧な技芸を身につけたとしても、②人間の名人の舞台が与える感動には及ばないだろう。能や歌舞伎だけではない。

常に死に向かっている人間の身体は、それ自体一つの混沌(こんとん)(注2)とした宇宙であり、心の座である脳さえ、身体の一部である。

人工知能の明晰(めいせき)(注3)さは、明晰さゆえに、死を孕(はら)(注4)んだ身体の混沌には手が届かないのではあるまいかというのが、私の希望的観測である。

（水原紫苑「あすへの話題」日本経済新聞 2016 年 9 月 3 日による）

（注 1）囲碁：二人で行うボードゲームの一つ

（注 2）混沌(こんとん)：物事が入り混じって区別がつかずはっきりしない状態

（注 3）明晰(めいせき)：はっきりしていること

（注 4）孕(はら)む：その中に含み持つ

11 ①人間の出る幕がないのはなぜか。

1 人工知能が短歌を作るのは不可能であるから

2 短歌は経済的な恩恵がないと思われるから

3 人工知能でいろいろなタイプの短歌を作ることができるから

4 人工知能ですべてを模倣することができるわけではないから

12 人工知能が、②人間の名人の舞台が与える感動には及ばないのはどうしてか。

1 能や歌舞伎などは身体性の領域にかかわることであってその技芸を身につけるのは難しいから

2 人工知能が進出するのは経済効果の上がる分野に限られるから

3 人間の身体は未知なる部分も多く、どれだけ模倣できるかわからないものだから

4 人間は死ぬことが前提なのであり、それゆえ混沌としているものだから

13 人工知能について、筆者の考えと合っているものはどれか。

1 パソコンやスマホと違い、普及には時間がかかるだろう。

2 有名な短歌作者の作風を簡単に真似できるだろう。

3 人間の心は研究してもわからないだろう。

4 短歌の分野への進出が遅れることを短歌作者は喜ぶだろう。

問題3　次の文章を読んで、後の問いに対する答えとして最もよいものを、1・2・3・4から一つ選びなさい。

数年前のことになるが、私は米国人の言語学者T氏と東京で親しくなった。

（中略）

或る日、アメリカの学者の習慣として、彼は多くの言語学関係の友人知人を、家に招待した。まずイタリア風のイカのおつまみなどで、カクテルを済ませた後、別室で夕飯ということになった。一同が座につくと、テーブルには、肉料理やサラダなどが並べられ、面白いことに、白い御飯が日本のドンブリに盛りつけて出されたのである。

畳の上に座っていること、白い御飯であること、T氏たちが日本式生活を実行していることなどが重なり合って、一瞬私は、この御飯を主食にして、おかずを併せて食べるのだという風に思ったらしい。目の前の肉の皿を取上げて、隣の人に廻(まわ)そうとしかけた時、私はT夫人が、かすかに①とまどったような気配を感じた。

間違ったかなと思った私は、御飯は肉と一緒に食べるのか、それとも御飯だけで食べるのかと尋ねると、夫人は笑いながら、先ず御飯を食べて下さいと言う。

私はその時、はっと気が付いた。この御飯は、イタリア料理では、マカロニやスパゲッティと同じく、スープに相当する部分なのだと。

はたして、それは油と香辛料で料理した、一種のピラフのようなものだった。

（中略）

白い米の飯は、日本食の場合には、食事の始めから終りまで食べられる。というよりは、米飯だけを集中的に食べることは、むしろいけないこととされている。おかずから御飯、御飯からお汁と、あちこち飛び廻らなければ、行儀が良いとは言えないのである。

そこで米の飯と他の食物との、日本食における関係は、並列的・同時的であると言えよう。お汁に始まり、香の物に至るまで、米を食べてよいのである。

ところが、食事の一段階ごとに、一品ずつの食物を片付けていく、通時的展開方式の性格の強い食事文化もある。西洋諸国ではこの傾向が強く、イタリアの食事も例外ではない。ここでは麺類や米の料理などは、ミネストラと称して、本格的な肉料理が始まる前に、済ませてしまうのだ。

私がドンブリに盛られた白い御飯を見て、おかずも一緒に食べようと思った②失敗は、日本の食事文化に存在する或る項目を、別の食事文化の中に見出したため、これを自分の文化に内在する構造に従って位置づけ、日本的な価値を与えようとしたことが原因なのであった。

文化の単位をなしている個々の項目（事物や行動）というものは、一つ一つが、他の項目から独立した、それ自体で完結した存在ではなく、他のさまざまな項目との間で、一種の引張り合い、押し合いの対立をしながら、相対的に価値が決っていくものなのである。

（鈴木孝夫『ことばと文化』岩波新書による）

14 夫人が①とまどったような気配を見せたのはなぜか。

1 ドンブリに盛りつけられた白い御飯を見て、筆者が驚いたから
2 御飯を先に食べてもらいたいのに、筆者が肉も一緒に食べようとしたから
3 筆者が、御飯と肉と一緒に食べるのか、御飯だけで食べるのかを尋ねたから
4 おかずから先に食べるべきなのに、筆者が先に御飯を食べようとしたから

15 日本食の場合の白い御飯の食べ方について、筆者はどのように述べているか。

1 食事中いつ食べてもいいが、おかずやお汁、御飯というようにあちこち食べるのはよくない。
2 食事中いつ食べてもいいが、白い御飯だけを続けて食べるのはよくない。
3 食べる順番が大切なので、おかずから御飯、御飯からおかずと食べないといけない。
4 食べる順番が大切なので、おかずの前に食べないといけない。

16 筆者は、②失敗の原因は何だと述べているか。

1 日本と同じ食物であるから、日本と同じように食べると思ったこと
2 日本と同じ食物であるが、食べ方が違うという知識があったこと
3 日本と同じ食物であるから、日本のように料理したこと
4 日本と同じ食物であるが、外国ではほとんど食べない食べ物だと勘違いしていたこと

17 筆者が伝えたいことは何か。

1 自分が育った文化にあるものだからといって、どこにおいても同じであると考えるのは誤りだ。

2 文化は地域によって違うから、扱い方がわからないときは遠慮なく聞いたほうがいい。

3 食事の形式が同時的であるか並列的であるかはその文化によって違う。

4 食事というものは、文化においていろいろな条件からなる重要な部分だ。

1회
2회
3회
4회
5회

問題 4　次のAとBの文章を読んで、後の問いに対する答えとして最もよいものを、1・2・3・4から一つ選びなさい。

A

選挙権の年齢が 18 歳以上になるのを受け、文部科学省が高校生の政治活動を一部認める通知を出した。(中略)

校内の活動は原則として禁じた。認めたのは放課後や休日の校外での活動だけだ。学業に支障がある場合は、禁止も含めた指導を求めている。

授業以外の生徒会、部活動などでの政治活動も禁止とした。(中略)

規制で縛る「べからず集」なら出す意味がない。旧通知の廃止だけでよいのではないか。

問われるのは、学校がどう指導するかだ。

学校は教育基本法で、政治的中立が求められている。だからといって、生徒の動きに厳しく口を出し制限すれば、教育の場から政治が遠ざけられてきたこれまでの状況は変わらない。

今の高校では政治を語る文化が消えている。学校は社会から閉ざされた空間ではない。教員は生徒と向き合い、相談に乗り、活動を後押ししてほしい。

地域や保護者も学校を萎縮(いしゅく)させず、生徒の成長のために協力してもらいたい。

(朝日新聞 2015 年 11 月 1 日による)

B

文部科学省が高校生の政治活動に関する通知を 46 年ぶりに見直した。(中略)

高校生が自らの判断で政治活動に加わって、課題を感じ取る体験を通じ、有権者としての意識が醸成される面はあろう。

ただし、高校生はあくまで学業第一であるべきだ。校外の政治活動が容認されるにしても、そこには一定の制限が求められる。(中略)

主権者教育を充実させる観点から、今後、高校生が政治課題について討論する機会は確実に増える。例えば、生徒会主催で討論会を開くケースが想定される。

その場合、大切なのは、特定の政治的主張を取り上げるのではなく、多様な意見が交わされるようにすることだ。安全保障法制や原子力発電所の再稼働など世論を二分するテーマでは特に重要だ。

指導にあたる教師の役割は大きい。自身の主義主張を押しつけることは厳に慎み、中立・公正な立場で生徒に接してもらいたい。

(読売新聞 2015 年 10 月 30 日による)

18 AとBで共通している意見は何か。

1 教育する側が政治活動をどのように指導するかが大切だ。

2 高校生の政治活動に制限をつけるのはよくない。

3 教師自身の考え方を明確にし、その立場を学生にわかりやすく伝えるべきだ。

4 学校で政治活動が後押しされていないか、地域や保護者が常にチェックするとよい。

19 AとBの内容に合うものはどれか。

1 Aは高校で政治について話し合うといいと言い、Bでは勉学に励むことが最優先であると言っている。

2 Aは教師が必ずしも政治的に中立な立場をとらなくてもいいと言い、Bは様々なテーマのディスカッションをすればよいと言っている。

3 Aは学校では政治活動を禁止するのはよくないと言い、Bは高校生自身の政治的主張を積極的に取り上げるべきだと言っている。

4 Aは学校で高校生が政治について話し合うのは好ましくないと言い、Bは高校生の政治活動について、有権者である認識が高まるからいいと言っている。

問題 5　次の文章を読んで、後の問いに対する答えとして最もよいものを、1・2・3・4から一つ選びなさい。

自分の固有の意見を言おうとするとき、それが固有の経験的厚みや実感を伴う限り、それはめったなことでは「すっきり」したものになりません。途中まで言ってから言い淀(よど)んだり、一度言っておいてから、「なんか違う」と撤回してみたり、同じところをちょっとずつ言葉を変えてぐるぐる回ったり……そういう語り方は「ほんとうに自分が思っていること」を言おうとじたばたしている人の特徴です。すらすらと立て板に水を流すように語られる意見は、まず「他人の受け売り」と判(はん)じて過(あやま)ちません。

断定的であるということの困った点は、①「おとしどころ」を探って対話することができないということです。先方の意見を全面的に受け容(い)れるか、全面的に拒否するか、どちらかしかない。他人の受け売りをしている人間は、意見が合わない人と、両者の中ほどの、両方のどちらにとっても同じ程度不満足な妥協点というものを言うことができない。主張するだけで妥協できないのは、それが自分の意見ではないからです。（中略）

他人の受け売りをして断定的にものを言う人間が交渉相手にならないというのは、彼が「私はほんとうは何がしたいのか？」という問いを自分に向ける習慣を放棄しているからです。

よろしいですか、ある論点について、「賛成」にせよ「反対」にせよ、どうして「そういう判断」に立ち至ったのか、自説を形成するに至った自己史的経緯を語れる人とだけしか私たちはネゴシエーションできません。「ネゴシエーションできない人」というのは、自説に確信をもっているから「譲らない」のではありません。自説を形成するに至った経緯を言うことができないので「譲れない」のです。（中略）「虎(とら)の威(い)を借る狐(きつね)」には決して「虎(とら)」の幼児期や思春期の経験を語ることができない。

ですから、もし、他人から「交渉相手」として遇(ぐう)されたいと望むなら、他人から②「虎(とら)」だと思われたいのなら、自分が今あるような自分になった、その歴史的経緯を知っていなければならない。それを言葉にできなくてはならない。これは個人の場合も国家の場合も変わらないと私は思います。

（内田樹『日本辺境論』新潮新書による）

20 ①「おとしどころ」とあるが、何のことか。

1 相手の意見を受け容(い)れること

2 自分の意見を受け容(い)れさせること

3 異なる意見をもつ両方が了承できること

4 異なる意見をもつ両方が了承できないこと

21 筆者はなぜ他人の受け売りをする人が交渉相手にならないと考えているか。

1 話し方が上手ではないから

2 自分の意見が一番正しいと信じているから

3 自説に確信をもっていて譲らないから

4 主張はできるが、妥協ができないから

22 ②「虎(とら)」とあるが、「虎(とら)」はどんな人か。

1 自分のことを自分の言葉で話せる人

2 自信を持ってネゴシエーションできる人

3 自分の意見を持ち、立て板に水のように語れる人

4 経験が豊富で歴史に詳しい人

23 筆者が言いたいことは何か。

1 他人の意見を自分の意見として言うときは、すらすら言えないからよくない。

2 意見をいう時、なぜそう思ったのか、経緯を説明できないといけない。

3 自説を形成するためには、他人の意見を取り入れることも必要だ。

4 自分の意見を押し通したいときは、決して相手に妥協してはならない。

問題 6　右のページは、尾野市が主催する「尾野市ヤング写真コンテスト」の作品募集の案内である。下の問いに対する答えとして最もよいものを、1・2・3・4 から一つ選びなさい。

24　高田(たかだ)さんは沖縄へ行ったときの写真を選んで課題テーマに応募しようと思っている。出すことができる写真はどれか。

1　そこにいた人に頼んで、有名な観光名所をバックに友達と撮ってもらった写真
2　沖縄の民族衣装を着た女性が一人で踊っている写真
3　沖縄料理屋で友達と食事をしているときに撮った料理の写真
4　ビーチで友達同士が遊んでいる様子を撮った写真

25　以下のうち、応募のしかたとして正しいのはどれか。

1　課題テーマとして、友達と三人で撮ったタテの写真を市役所に持参する。
2　自由テーマとして、高田(たかだ)さんが自分自身を撮ったタテの写真をメールする。
3　課題テーマとして、赤ちゃん二人が写ったヨコの写真を郵送する。
4　自由テーマとして、車の写真を 2 点郵送する。

第 22 回 尾野市ヤング写真コンテストのお知らせ

1. 部門　　　課題テーマの部
　　　　　　　自由テーマの部

2. 募集期間　　20××年 10 月 1 日～10 月 31 日

3. 参加資格　　以下のいずれかに当てはまる方
　1）尾野市在住の方で、13 歳以上 20 歳未満の方
　2）尾野市内の中学校もしくは高校に通学している方
　＊いずれの場合も国籍不問ですが、応募用紙は日本語でご記入ください
　＊15 歳未満の方は、保護者の方の同意書が必要です

4. 応募規定
　1）課題テーマの部
　　今年の課題テーマは「友人」
　　・2 人以上の人物が写っていなければなりません
　　・撮影者が写っている必要はありません
　2）自由テーマの部

　＊応募者自身が撮影したものに限ります
　＊写真はタテ・ヨコどちらでもかまいません
　＊写真のサイズは問いませんが、お送りいただいたものを、事務局で B5 サイズに縮小又は拡大させていただきます
　＊応募できる写真は、1 人最大 2 点まで、課題テーマの部と自由テーマの部のそれぞれ 1 点までです。同一テーマに 2 点以上を応募することはできません

5. 応募方法
　市役所に備え付けの応募用紙に必要事項をご記入の上、写真とともにお送りください。なお、15 歳未満の方は、保護者の方の同意書も合わせてお送りください。
　＊応募用紙と同意書は市役所のホームページ（http://www.×××-c.jp）からもダウンロードできます
　＊メールでの送付等は受け付けておりません。必ず郵送してください
　＊写真の裏に、お名前と電話番号をご記入ください

6. 応募先　　　尾野市文化部文化係
　（〒 123-9876　尾野市西岡 5-11　電話　013-8××-92××）

7. 賞

最優秀賞	各部門 1 点	賞状と副賞（電動アシスト付自転車）
優秀賞	各部門 1 点	賞状と副賞（尾野温泉ペア入場券）
特別賞	各部門 2 点	賞状と副賞（図書カード 2 千円分）

〈主催〉尾野市　〈協賛〉株式会社尾野温泉

2회

정답 · 해설 – 129p

問題１　次の（1）から（4）の文章を読んで、後の問いに対する答えとして最もよいものを、1・2・3・4から一つ選びなさい。

（1）

「手入れ」と「コントロール」は違う。「手入れ」は相手を認め、相手のルールをこちらが理解しようとすることからはじまる。これに対して「コントロール」は、相手をこちらの脳の中に取り込んでしまう。対象を自分の脳で理解できる範囲内のものとしてとらえ、脳のルールで相手を完全に動かせると考える。しかし自然を相手にするときには、そんなことができるはずがない。虫を追いかけているのも、虫がどこにいてなにをしているのか、自分の脳がすべて把握できるわけではないからだ。相手を自分の脳を超えたものとして認め、できるだけ相手のルールを知ろうとする。これが自然とつきあうときの、いちばんもっともなやり方だと思う。

（養老孟司『いちばん大事なこと』集英社新書による）

1　筆者の考えに合うものはどれか。

1　自然とつきあうにあたっては、「コントロール」の考え方が大切だ。

2　自然とつきあうにあたっては、「手入れ」の考え方が大切だ。

3　自然とつきあうにあたっては、「手入れ」や「コントロール」は関係がない。

4　自然とつきあうにあたっては、「手入れ」も「コントロール」も大切な考え方だ。

1회 2회 3회 4회 5회

(2)

せまい専門分野の本ばかり読んでいると、われわれの頭はいつしか不活発になり、クリエイティヴでなくなる。模倣的に傾くように思われる。それにひきかえ、軽い気持ちで読み飛ばしたものの中に、意外なアイディアやヒントがかくれていることが多い。乱読の効用であるように思われる。専門バカがあらわれるのも、タコツボの中に入って同類のものばかり摂取しているからで、ツボから出て大海を遊泳すれば豊かな幸にめぐりあうことができる。

（外山滋比古『乱読のセレンディピティ』扶桑社による）

2 ツボから出て大海を遊泳すれば豊かな幸にめぐりあうことができるとはどういうことか。

1 専門とそれ以外の知識のバランスがとれるようになるということ

2 専門を深く掘り下げることで得られるものは大きいということ

3 自分の専門以外の本を読めば、新しい発見があるということ

4 深く考えないで本を読んだほうが、おもしろいということ

(3)

私たち人間の肉体は、それぞれが一つの生命体である約60兆個の細胞から成り立っています。この膨大な数の細胞の一つひとつが、全体としての生命活動を保持していくためには、「生まれ変わる」ための代謝が必要となります。そのためになくてはならないものが、食事から摂取する「栄養」に他なりません。

この栄養が枯渇すると、細胞は代謝活動を緩やかに停止させ、人間はやがて死に至ります。

私たちが忌み嫌うがん細胞も、まったく同じです。「彼ら」もまた、正常細胞と同じように、口から摂取する栄養によって、細胞の分裂を繰り返し、自らの生命活動を維持、増大させていきます。

(古川健司『ケトン食ががんを消す』光文社による)

3 文章の内容に合っているものはどれか。

1 私たちの体は非常に多くの細胞からなり、それは生まれた時と変わらずにある。
2 人間の細胞は、栄養を体に取り込むために代謝し続けている。
3 正常細胞もがん細胞も、栄養不足になれば生命活動に支障をきたす。
4 がん細胞は正常細胞を栄養として取り込むことで、代謝が活発になる。

(4)

以下は、ある会社が新聞に掲載した広告である。

商品回収に関するお詫びとお知らせ

平素は格別のご高配を賜り厚く御礼申し上げます。

さてこの度、スイートマジー㈱が販売いたしました「雪だるまチョコレート」（税抜200円）に、線状の金属性異物が混入しているものがあることが判明いたしましたため、当該製品を回収させていただくことといたしました。

つきましては、お客様のお手元(てもと)に該当商品がございましたら誠にお手数ではございますが、下記送付先まで送料着払いにてご送付くださいますようお願い申し上げます。後日、商品代金を送付いたします。

お客様には多大なご迷惑、ご心配をおかけいたしますこと、誠に申し訳なく深くお詫び申し上げます。弊社といたしましては、この度の事態を重く受け止め、今後このようなことのないよう、工場の管理体制を見直し、品質管理の一層の向上に努めてまいりますので、何卒ご寛容賜りますようお願い申し上げます。

20××年11月30日
スイートマジー株式会社
（送付先）
〒255-2911
若賀市羊丘3-10

4 「雪だるまチョコレート」について、この広告は何を知らせているか。

1 異物が入っていたので回収し、代わりの商品を送付する。

2 異物が入っていたので回収し、返金する。

3 異物が入っていたが、問題ないので心配しないでほしい。

4 異物が入っていたが、工場を閉鎖するのでもう心配はない。

1회
2회
3회
4회
5회

問題 2　次の（1）から（3）の文章を読んで、後の問いに対する答えとして最もよいものを、1・2・3・4から一つ選びなさい。

（1）

日本のような社会に対して、歴史的に異民族をその社会に包含するようになった社会、また同一社会内に顕著な社会階層を発達させた社会（両者はしばしば同一社会にみられる）では、単一体として、その内部にいくつもの大きな亀裂（きれつ）をもつことになり、自然発生的な生物システムに依存するだけでは、容易に事を運ぶことはできない。そこで、生物的な動的法則とはまったく異質な、状況や対象の違いに左右されない、普遍性をもつ法体系とか倫理体系を設定することによって、異質のものをふくむ複雑な全体社会の動きに、基軸を与える方法が発達したものと思われる（そのプロトタイプは古代ローマ帝国や古代漢帝国である）。

①<u>こうした社会</u>では、常に中枢から明確な原則がうち出され、社会は軟体動物でなく、脊椎（せきつい）動物のような構築のあり方になる。西欧社会とか、中国社会はそのよい例である。西欧社会において、いかに法というものが尊ばれ優先されてきたか、②<u>日本人の感覚ではとらえがたい</u>ものがある。（中略）

これに対して、日本人にとって、法とは、社会の骨格ではなく、全体の動きを不当に乱す特殊な細部の手当てとして適用されるもので、専門家による技術的な問題とされやすく、全体社会を規制する原則にはなりにくい。

（中根千枝『タテ社会の力学』講談社学術文庫による）

5　①<u>こうした社会</u>とはどんな社会か。

1　内部にいくつもの大きな亀裂（きれつ）をもち得る社会

2　歴史的に異民族がその社会に包含されてこなかった社会

3　社会の構築のあり方が、脊椎（せきつい）動物でなく軟体動物のような社会

4　法が、全体社会を規制する原則になりにくい社会

6 ②日本人の感覚ではとらえがたいのはなぜか。

1 西欧社会では、自然発生的な生物システムに依存しているから

2 西欧社会では、異質のものをふくむ複雑な全体社会の動きに、基軸を与える方法をとるから

3 西欧社会では、法を全体の動きを不当に乱す特殊な細部の手当てとして適用するから

4 西欧社会では、専門家による技術的な法で全体社会を規制するから

7 筆者の考えに合うものはどれか。

1 日本のような社会では、生物的な動的法則は機能しないと言える。

2 歴史的に異民族を社会に包含するようになった社会は、常に社会階層を発達させた社会であると言える。

3 古代ローマ帝国は、いわば軟体動物のような構築のあり方であると言える。

4 日本のような社会では、法は全体社会を規制する原則になりにくいと言える。

(2)

そして、考えに考えた揚げ句、分かったことが一つ、ありました。それはとても単純なことで、こうです。

「無から有は生じない」

つまり、言うべきことがあるから話せるし、書けもする。なければ、なにも話せないし、書けもしない。さらに、どうしてもという思いが強ければ強いほど、筋道を立てて話さざるを得なくなるし、おのずとその人の個性があらわれて文章も光ってくる。ここまでを逆に言うなら、「言うべきことがないから、たとえ、あっても弱いから、話せもしないし、書けもしない」のではないか。

もっと言えば、小説家、劇作家、詩人、学者、エッセイスト、評論家、記者といった書き手たちは、言いたいことを見つけるのが上手な人たちであり、見つけた事柄について、「どうしても言わなければならぬ」と、短時間のうちに気持ちを盛り上げるのに長(た)けた人たちなのではないか。なにしろ、①そうしないと世渡りができないのだから仕方がありません。(中略)日々の暮らしの中から、自分の心の内から、なにか言うべきことを見つける、調べて考えて内圧を高めて、「これを言わないうちは死に切れない」と思いこむ。少なくとも私はそうやって②急場を切り抜けてきました。

(井上ひさし『にほん語観察ノート』中公文庫による)

8 ①そうは何を指すか。

1 言いたいことがなくても、うまく文章を書き上げること
2 無から有を生じさせること
3 言いたいことを見つけ、それを表現する気持ちを盛り上げること
4 個性豊かな、光る文章を書くこと

9 ②急場とは、ここでは具体的にどういうことか。

1 言いたいことはあるのに、うまく表現できない状況
2 何かを話したり書いたりしなければならないのに、うまく準備が進まない状況
3 どうしても言いたい、という気持ちが強すぎて自分を抑えきれない状況
4 日々の暮らしの中や自分の心の内に言いたいことが多すぎて、整理がつかない状況

10 筆者は、いい文章を書くために何が大切だと考えているか。

1 小説家、劇作家など書くことを仕事としている人たちの文章をじっくり読むこと

2 筋道を立てて話すことを練習すること

3 言いたいことを見つけ、それを伝えたいという思いを育てていくこと

4 言いたいことがあってもなくても、言わなければならないんだという気持ちを強く持つこと

(3)

インターネットが世界を隈なく(注1)網羅(注2)したことで、現代社会には情報が氾濫するようになった。ひと言でいえば情報過多。「呼吸」や「飲食」という行為を見てもわかるように、人間というものは、体内に取り入れたものの中から必要なものを吸収し、それ以外のものは外に出すことで生を全う(注3)してきた。

しかし情報過多となってしまった現代は、一人ひとりに入る情報があまりに多すぎて、①それを噛み砕いて不用なものを外に排出するのが間に合わなくなってしまっている。情報の氾濫、飽食の時代などといわれる現代は、さまざまな意味で人間の調子が悪くなってしまっているのだ。

つまり、現代は人間の体だけでなく、②社会全体が「メタボリック症候群」とでもいうような状態になってしまっている。テレビをはじめとするマスメディアやインターネット業界は、その象徴的存在といえるだろう。短期間で太って巨大化し、その太ったことが " 成功 " だともてはやされる。そして、人間だけでなく、もっと大きな枠組み、たとえば社会にしても、国家にしても、急激に肥大化するとさまざまなところで問題が発生する。

現代の人間は、肉体的にも精神的にもメタボになってしまった。肉体的なメタボならば、食事制限など対処方法がいろいろあると思うが、精神的なメタボを改善するとなると、これは一筋縄(注4)ではいかない。情報が世の中にあふれていて、これを自分の力だけで制限することはほぼ不可能だからだ。本気で情報を制限しようと思ったら、電気も通じないような人里離れた山奥か無人島にでも行くしかない。

（桜井章一『人を見抜く技術』講談社による）

(注 1) 隈なく：行き届かないところがなく
(注 2) 網羅する：すべてに及ぶ
(注 3) 全うする：完全に成し遂げる
(注 4) 一筋縄：普通のやり方

11 ①それを噛み砕いてとあるが、何を噛み砕くのか。

1 食べたり飲んだりしたもの

2 情報が多すぎる現代社会

3 多すぎる情報

4 一度体内に入れて、排出するものすべて

12 ②社会全体が「メタボリック症候群」とあるが、どういう状態か。

1 飽食の時代で、太りすぎて体調が悪い状態

2 使わない情報を貯め込み、問題が起きる状態

3 急激に太ってしまって、食事制限が必要な状態

4 山奥や無人島でも情報があふれている状態

13 筆者の考えと合っているものはどれか。

1 短期間で情報を得すぎると、問題が起きる。

2 人間の調子が悪くなってしまった原因は食事制限をしなかったからだ。

3 精神的なメタボは、肉体的なメタボと違い、治りやすい。

4 マスメディアやインターネット業界からできるだけ遠ざかったほうがいい。

問題 3　次の文章を読んで、後の問いに対する答えとして最もよいものを、1・2・3・4から一つ選びなさい。

何年か前、武術家の甲野善紀先生とレストランに入ったことがあった。私たちは七人連れであった。メニューに「鶏の唐揚げ」があった。「三ピース」で一皿だった。七人では分けられないので、私は三皿注文した。すると注文を聞いていたウェイターが「七個でも注文できますよ」と言った。「コックに頼んでそうしてもらいますから」。彼が料理を運んできたときに、甲野先生が彼にこう訊ねた。「あなたはこの店でよくお客さんから、『うちに来て働かないか』と誘われるでしょう」。彼はちょっとびっくりして、「はい」と答えた。「月に一度くらい、そう言われます」。

私は甲野先生の炯眼(注1)に驚いた。なるほど、この青年は深夜レストランのウェイターという、さして「やりがいのある」仕事でもなさそうな仕事を通じて、彼にできる範囲で、彼の工夫するささやかなサービスの積み増しを享受できる他者の出現を日々①待ち望んでいるのである。もちろん、彼の控えめな気遣いに気づかずに「ああ、ありがとう」と儀礼的に言うだけの客もいただろうし、それさえしない客もいたであろう。けれども、そのことは彼が機嫌の良い働き手であることを少しも妨げなかった。その構えのうちに、具眼(注2)の士は②「働くことの本質を知っている人間」の徴(注3)を看取したのである。

働く人が、誰に、何を、「贈り物」として差し出すのか。それを彼に代わって決めることのできる人はどこにもいない。贈り物とはそういうものである。誰にも決められないことを自分が決める。その代替不能性が「労働する人間」の主体性を基礎づけている。

その「贈り物」に対しては（ときどき）「ありがとう」という感謝の言葉が返ってくる。それを私たちは「あなたには存在する意味がある」という、他者からの承認の言葉に読み替える。実はそれを求めて、私たちは労働しているのである。

今、若い人たちがうまく働けないでいるのは、そのことに気づいていないからだと思う。彼らは「働くとはどういうことか」についての定義があらかじめ開示されることを求める。働くとどういう報酬が自分にもたらされるのかをあらかじめ知りたがる。それが示されないなら、「私は働かない」という判断を下すことも十分合理的だと考えている。けれども、残念ながら、「働くとはどういうことか」、働くとどのような「よいこと」が世界にもたらされるのかを知っているのは、現に働いている人、それも上機嫌に働いている人だけなのである。

（内田樹「働くことの意味なんて、上機嫌に働いている人だけしか分からないもの」
『日本の論点 2010』文藝春秋による）

（注 1）炯眼（けいがん）：物事の本質を見抜く鋭い洞察力

（注 2）具眼（ぐがん）：物事の真偽、是非などを判断する見識を持っていること

（注 3）徴（しるし）：証拠。証（あかし）

14 筆者は青年が何を①待ち望んでいると思ったのか。

1 お客さんから、「うちに来て働かないか」と誘われること

2 お客さんからの注文を工夫してコックに頼むこと

3 青年独自のささやかなサービスを理解し認めてくれるお客さん

4 青年の気遣いに対するお客さんからの「ありがとう」という言葉

15 筆者の言う②「働くことの本質を知っている人間」の徴（しるし）とはここでは何か。

1 青年の余計な気遣い

2 青年の機嫌のよさ

3 青年の儀礼

4 青年の仕事への姿勢

16 この文章で働く人が差し出す「贈り物」とは何か。

1 その人以外に決めることのできる人がどこにもいないサービス

2 自分の主体性を積極的に示すことのできるサービス

3 「ありがとう」という感謝の言葉を引き出す目的で行うサービス

4 喜びや利益を受け取る他者を想像できるサービス

17 筆者は、上機嫌に働いている人をどのような人だと考えているか。

1 「働くということはどういうことか」が分かっている人

2 働くとどういう報酬が自分にもたらされるのかを知りたがる人

3 時として「私は働かない」という判断を下すことができる人

4 働くことでは他者からの承認は得られないと気づいている人

問題4　次のAとBの文章を読んで、後の問いに対する答えとして最もよいものを、1・2・3・4から一つ選びなさい。

A

小学校での英語教育がついに義務化されたが、小学生のうちから英語を学ばせることについては今も意見の対立が見られる。（中略）

「外国語を身につけるなら少しでも早いうちから」ということについては、異論は少ないのではなかろうか。「一定の年齢を超えるとスムーズに言語を吸収できなくなる」という専門家の意見もある。語学学習を早く始めることには意味があると考える。

しかし一方で、外国語の前に、まずは母語をまずしっかりと習得させるべきという意見も根強い。子どもがいわゆるセミリンガルになるおそれがあるというのである。セミリンガルとは、複数の言葉を話すことができるけれども、どれも中途半端で、抽象度の高い内容を伝達したり理解したりできない状態のことである。

B

英語の早期教育の重要性が指摘されて久しい。「いわゆる英語脳・英語耳は若いときにしか作れない」という専門家の意見もよく聞く。

そうなのだろうなと思う。私自身も仕事柄、毎日英語を使うが、特にリスニングの面において「子どものうちから始めていればなあ」と残念に思うことも多い。

もちろん、単に早く始めればいいというものではない。やり方については慎重に考えなければならないだろう。幼い子どもに英語を無理強いすることで、かえって英語が嫌いになってしまうといった場合も考えられる。

英語に限ったことではないが、教育というものは、そのスタートが早ければ早いほど（子どもの意思に関係なく）親の意向によることになる。大人の責任としてきちんと取り組んでいかなければならない。

18 AとBが共通して述べていることは何か。

1 子どものうちに外国語学習を始めると、母語の習得が難しくなりやすい。

2 英語の早期教育にあたっては、英語が嫌いにならないように注意するべきだ。

3 外国語を学ぶのは大人になってからでは遅すぎる。

4 早くから外国語を学ぶことを推奨する専門家がいる。

19 AとBの二つの文章を以下のようにまとめる場合、①と②に入るものの組合せとして適切なのはどれか。

「Aの筆者は（ ① ）と言っており、Bの筆者は（ ② ）と言っている。」

1 ①子どものうちから始めないと外国語は身につかない
②早期の英語教育は方法を注意深く考えて行うべきだ

2 ①英語の早期教育をめぐってはさまざまな意見がある
②子どもの教育の問題については、大人が真剣に取り組む必要がある

3 ①外国語の教育よりも母語を習得させることのほうが重要だ
②英語教育のスタートは早ければ早いほどいい

4 ①英語の早期教育はセミリンガルを作るから反対である
②英語の早期教育は英語嫌いの子どもを作るから反対である

問題 5　次の文章を読んで、後の問いに対する答えとして最もよいものを、1・2・3・4 から一つ選びなさい。

査定や評価という仕組みが社会の隅々にまで浸透してゆくなかで、ここでいちど立ち止まり、試験を課すこと、受けることの意味についてよくよく考えてみる必要があるようにおもう。

かつて人生を決める査定といえば高校・大学の入試と入社試験くらいのものだったが、いまはその入試が小学校、さらには幼稚園の時点にまで繰り上がり、他方、昇進や再就職のための査定は定年の後まで続く。そしてその間、何度も「不合格」との査定を受ける。あからさまにいえば、「不合格」とは「貴方はわたしたちの組織に相応しいものではない」「貴方の存在はわたしたちには不要である」というメッセージを突きつけられることである。この「存在の不要」という烙印(らくいん)(注)を、わたしたちは物心つかないうちから押されつづける。そのことが人にどれほどのダメージを、それと知られることなく与えつづけてきたことか。

この時代、わたしたちの存在はいつも「もし～できれば」という条件つきでしか肯定されない。だから①ひとはいつも、じぶんにできること、じぶんにしかできないことを必死で問う。（中略）こうした問いは、じぶんはまだここにいていいのか、ここにいるに値するものかという問いへと尖(とが)ってくる。が、そこにも確かな答えがあろうはずはない。だからひとは、「もし～できれば」などという条件をつけないで、たがいをそのままで認めあえる関係、そう、わたしのこの存在を無条件に肯定してくれるような他者との関係に渇(かわ)くことになる。そういうわけで、いまどきの子どもは教師よりも親よりも友だちを大切にする。けれども②それはけっして安住の場所ではない。友だちに疎まれないよう、友だちの環(わ)から外されないよう、それに相応しいじぶんを必死で演じつづけなければならないからだ。

人を選別する社会は、人にその存在の資格を問う社会である。選別はしかし、人そのものではなく人の属性を査定することであって、人を選ぶということとは異なる。だれと出会うかを、ひとはみずから選ぶことができない。が、あるとき不意に誰かに選ばれる、ということはある。思いもよらぬ人に恋心を打ち明けられたり、見知らぬ認知症の人に息子／娘として選ばれるということがありうる。このときひとは代わりのきかない特異な存在として選ばれる。ここに選別ではない選ばれということがある。

一方、「この仕事をするのはべつに貴方(あなた)でなくていい」という代替可能性ではなくて、

「貴方(あなた)ができないんならだれかが代わりにやってくれるよ」という代理可能性というものがある。憔悴(しょうすい)したり、体の具合が悪いときに、だれかが代わりをやってくれるという関係、いってみれば油断していてもいい関係である。

このように特異な存在として認められることと、代理可能な存在としてあることとが、ともに成り立ちうるような関係こそ、ひとがほんとうに安(やす)らっていられる関係なのだろう。

(鷲田清一『人生はいつもちぐはぐ』角川文庫による)

(注) 烙印(らくいん)：罰として罪人に押す焼き印

20 ①ひとはいつも、じぶんにできること、じぶんにしかできないことを必死で問うとあるがなぜか。

1　他人に居場所を与えられるから

2　他人からの評価で存在を認められるから

3　他人に無条件で存在を受け止めてもらえるから

4　他人につねに肯定してもらえるから

21 ②それはけっして安住の場所ではないとあるが、なぜか。

1　いつも教師や親から査定されるから

2　常に良い成績を取らなければならないから

3　仲間を探すことは非常に難しいから

4　仲間から認められつづけなければならないから

22 この文章中で筆者は、今の時代では人の存在をどのように扱っていると述べているか。

1　条件は関係なく、すべての人を受け入れる。

2　必要な人を選び、それ以外は受け入れない。

3　いつも代理可能な存在として選ぶ。

4　一人ひとりを特別な存在と認める。

23 人が安心していられる社会を筆者はどのように考えているか。

1 人に存在価値を問い、孤独にさせない社会

2 良くも悪くも人を評価することによって持続を図る社会

3 人を選別せずに受け入れ、緊張しつづけなくてもよい社会

4 人が組織に適応するか調べ、誰かの代わりをつくることで成り立つ社会

問題 6　右のページは、「みどり商店街友の会」の案内である。下の問いに対する答えとして最もよいものを、1・2・3・4から一つ選びなさい。

24　商店街の近くに住む大学生の松山（まつやま）さんは、この会員になりたいと考えている。松山（まつやま）さんが会員になるために、するべきことはどれか。

1　みどり商店街友の会事務局に学生証を持っていく。

2　みどり商店街友の会事務局に学生証と入会金を持っていく。

3　みどり商店街友の会事務局に入会金と年会費を持っていく。

4　みどり商店街友の会事務局に学生証と入会金と年会費を持っていく。

25　松山（まつやま）さんが会員になったら、次のどのサービスを受けることができるか。

1　会員証を持っていなくても、提携駐車場を50％割引で利用すること

2　10月31日にみどり商店街で5％割引で買い物すること

3　会員割引と学生割引の両方を併用すること

4　みどり商店街特製エコバッグと特製カレンダーをもらうこと

「みどり商店街友の会」へのお誘い

「みどり商店街友の会」は、みどり商店街をご利用のお客様に、今まで以上に便利でお得なサービスを受けていただくための会員組織です。会員の方には、様々な特典をご用意しております。是非この機会にご加入くださいますようお誘い申し上げます。

◎会員特典

・みどり商店街でのお買い物は、すべてのお店で5%割引となります
　＊友の会特別サービスデー（毎月末日）には割引が10%となります
・みどり商店街提携の駐車場の料金が50%割引となります
・入会時にみどり商店街特製エコバッグ又は特製カレンダーを差し上げます

※割引を受けられる際には、会員証が必要です。会員証の提示がない場合、割引は受けられません
※会員割引は、他の割引と併用はできません（例外として、学生割引との併用は可）

【入会金・年会費】

入会金（入会時のみ）：1,000円（一般）
　　　　　　　　　：　500円（学生）
年会費（1年ごと）　：1,800円（一般）
　　　　　　　　　：1,200円（学生）
　　　　　　　　　※いずれも消費税を含みます

【入会手続】

ご入会は、友の会事務局（「みどり薬局」2階）で承ります。
事務局で入会金のお支払いをお願いします（学生の方は、学生証を確認させていただきます）。
年会費は会員登録完了*後、月割りでお支払いをお願いします。

＊入会を申し込まれた後、1週間前後で会員証が発行されます。会員証発行をもって会員登録完了とさせていただきます。

【お問合せ】

みどり商店街友の会事務局（「みどり薬局」2階）電話04××-6618-1781

3회

정답 · 해설 – 130p

問題１ 次の（1）から（4）の文章を読んで、後の問いに対する答えとして最もよいものを、1・2・3・4から一つ選びなさい。

（1）

同じ大学卒業で、同じ勉強をしてきた人なのに、就職試験で受かる人と落ちる人がいるのは、なぜでしょう？　同じだけ学費を払い、同じだけ教室にいたのに。その理由は、明快です。その本人をどう伝えたかの違いです。

資格を取得する方がふえたとも聞きます。資格は確かに、目に見える武器として役立つものです。私も資格を持っていますし、その恩恵も受けてきました。ですが、それが全てとは思わないでほしいのです。数々の資格を持っているのに、なぜ就職が決まらない人がいるのか？　昇進しない人がいるのか？　それは、資格以上に、会社にとって大事に思う何かがあったということです。

（佐々木圭一『伝え方が９割』ダイヤモンド社による）

1　筆者は資格をどのようなものだと考えているか。

1　就職試験のときに持っていれば必ず役に立つ便利な武器
2　卒業した大学がどこかよりも大切な、絶対的な切り札
3　誰を採用するかを判断するために、会社が最も大事だと考えるもの
4　誰に対してもわかりやすくその人の能力をアピールできるもののひとつ

(2)

作家同士が篤(あつ)い友情を結ぶという話をときどき耳にしますが、僕はそういう話を聞くと、だいたい眉に唾(つば)をつけます。(注) そういうこともあるいはあるのかもしれないけれど、本当に親密な関係はそんなに長くは続かないんじゃないかと。作家というのは基本的にエゴイスティックな人種だし、やはりプライドやライバル意識の強い人が多い。作家同士を隣り合わせると、うまくいく場合より、うまくいかない場合の方がずっと多いです。
(中略)

しかしそれにもかかわらず、職業領域における排他性ということに関していえば――簡単に言えば「縄張り」意識についていえばということですが――小説家くらい広い心を持ち、寛容さを発揮する人種はほかにちょっといないのではないかという気がします。そしてそれは小説家が共通して持っている、どちらかといえば数少ない美点のひとつではあるまいかと、僕は常々考えています。

(村上春樹『職業としての小説家』スイッチ・パブリッシングによる)

(注) 眉に唾(つば)をつける：だまされないように用心する

2 筆者の考えに合うものはどれか。

1 小説家は基本的にエゴイスティックな人種で他の人と決してうまくいかない。

2 小説家は職業領域において縄張り意識があまりなく、寛容である。

3 小説家は縄張り意識が強く、互いに親密な関係が築けない。

4 小説家には美点と言えるものはひとつしかない。

(3)

多くの人は、政治というとまず権力のギラついた(注)泥臭い人間模様を思い浮かべる。意地悪そうな政治家が誰々に接近したとか、どの党が影響力を持っているとか、誰と誰が敵対関係にあるとかいった、いわば暑苦しいおじさんたちのせめぎ合いだ。このような、ある局面での政治の動向や政党内、政党間での勢力争いは「政局」と呼ばれる。

なぜ、多くの人が政治＝政局をイメージするかというと、テレビや新聞、雑誌の多くがこの政局報道に割かれているからにほかならない。

（津田大介『ウェブで政治を動かす！』朝日新書による）

（注）ギラつく：ここでは出世に必死な様子

3 この文章で筆者が伝えたいことは何か。

1 政治について考えるとき、政局という側面から捉えている人が多い。
2 政局について報道することは必要だと考えられているのが一般的だ。
3 ある政治家がどのくらい権力を持っているかを知ることは大切だ。
4 テレビや新聞、雑誌は政局のことしか伝えていない。

(4)

以下は、ある会社が顧客に出した挨拶状である。

恭啓　時下ますますご盛栄のこととお慶び申し上げます
平素は格別のご厚情を賜り心より御礼申し上げます

さて　私こと
このたび6月20日開催の定時株主総会及び取締役会において
代表取締役社長に選任されましたので　謹んでお知らせ申し上げます
当業界を取り巻く環境は誠に厳しいものがございますが
再来年の設立50周年に向け　社業発展のため全力を尽くす所存ですので
なお一層のご指導ご鞭撻を賜りますようお願い申し上げます
まずは略儀ながら書中にて就任のご挨拶まで申し上げます

敬白

令和2年7月吉日

株式会社北央スタディ
代表取締役社長　桑田 治雄

4 この文書で最も伝えたいことは何か。

1 株式会社北央スタディの株主総会が6月20日に開催されたこと
2 株式会社北央スタディが、令和4年に設立50周年を迎えること
3 株式会社北央スタディで、新社長が就任したこと
4 株式会社北央スタディの属する業界の景気がよくないこと

1회
2회
3회
4회
5회

問題２　次の（1）から（3）の文章を読んで、後の問いに対する答えとして最もよいものを、1・2・3・4から一つ選びなさい。

（1）

洞察力、問題発見力、危機管理能力、先見力など、ビジネスパーソンとして成功したり、組織のリーダーになるために、備えていなければならない能力は数限りなくある。

なかでも成功するために絶対に欠かせない能力は、人間的魅力、度量、器、人柄といった「人間力」だ。

もちろん、組織や人を動かすためには、的確な戦略・戦術や知識も必要だが、こういった理屈だけで動かそうとすると、①<u>必ず弊害が起きてしまう</u>。

なぜなら人が人に仕え、何かをやり遂げるエネルギーの源(みなもと)は、「②<u>この人</u>に喜んでほしい」「この人の役に立ちたい」という純粋な気持ちだからだ。

仕える人、つまりリーダーその人の人間性が悪ければ、誰も本気でついて行こうという気にはならない。そうなると、どんなに素晴らしい戦略も部下にとっては、ただの絵に描いた餅にすぎない。

これはリーダーだけに限った話ではない。営業マンの人柄が悪ければ、たとえ優秀な商品やサービスであっても商談を進める気にさえなれないものだ。

（西田文郎『ここ一番に強くなる！　1分間成功思考』PHP文庫による）

5　①<u>必ず弊害が起きてしまう</u>のはなぜか。

1　組織のリーダーになるために必要な能力が多くあるから
2　組織や人を動かすためには、戦略や知識が必要なのに、ないから
3　組織のリーダーは戦略・戦術や知識だけでは成功できないから
4　組織の人に喜んでほしいと思っているから

6　②<u>この人</u>とはどの人か。

1　数限りない能力を持った人
2　理屈だけで人を動かそうとする人
3　自分が仕える人
4　エネルギーにあふれた人

7 筆者の最も言いたいことは何か。

1 部下を育てるためには、基礎的な知識を教え込まなければならない。

2 純粋な気持ちとエネルギーがあれば、困難は克服できる。

3 リーダーの人間性にかかわらず、戦略が優れていればビジネスはすすむ。

4 ビジネスで成功するためには、人間性がよくないといけない。

(2)

ここに一週間何も食べてない男がいるとします。この男が街に出て角のパン屋さんの前に来た時、思わずパンを奪って食べて逃げてしまった。

ある人はこの光景を目撃してこう思う。「日本は法治国家である。法治国家においては、法律を遵守しなければいけない。他人の物を黙って盗るということは、窃盗罪に値する。したがって法律に則り処罰されなければいけない。そのために警察に突き出そう」。

勇敢な彼、ないし彼女は、走って逃げていく男を追いかけて捕まえたり、あるいは110番を回して警察に連絡したりする。

ところが別の人は同じ光景を見ていて①こう思う。「ああ、可哀想。確かにこの男は人の物を盗んだ。しかしこの男は、今このパンを食べないと死んでしまったかも知れない。人間の命は一片の法律よりも重い場合もある。だから今は見て見ぬフリをして通り過ぎよう」。

どちらも論理は通っています。最初の人は「日本は法治国家である」が出発点で、結論は「警察に突き出す」。もう一方の人の出発点は「ああ、可哀想」で、結論は「見て見ぬフリをして通り過ぎる」。両方ともに論理はきちんと通っているのですが、出発点Aが異なったが故に、結論が異なってしまったということです。

すなわち、論理は重要であるけれども、②出発点を選ぶということはそれ以上に決定的なのです。

(藤原正彦『国家の品格』新潮新書による)

8 ①こう思うとはどう思うことか。

1 「ああ、可哀想」から考えを立ち上げて論理的に。
2 「ああ、可哀想」から考えを立ち上げて非論理的に。
3 「今は見て見ぬフリをして通り過ぎよう」から考えを立ち上げて論理的に。
4 「今は見て見ぬフリをして通り過ぎよう」から考えを立ち上げて非論理的に。

9 ②出発点とは、ここではどういうことか。

1 「警察に突き出す」とか「今は見て見ぬフリをして通り過ぎよう」といった帰結
2 論理的に結論を導くための思考のスタート地点
3 人間の命が法律よりも重いと考えられる理由
4 勇敢な彼ないし彼女が、パンを盗んだ男を見てどうするかを決めるきっかけ

10 筆者は、「パンを盗んだ男」に対する二つの考え方についてどう考えているか。

1 どちらも論理が破たんしている。

2 一方の論理は破たんしているが、結論はどちらも正しいと言える。

3 結論が異なるのは、一方の論理が破たんしているからだ。

4 結論は異なるが、どちらも論理は正しい。

(3)

「あなたは人生の最後をどこで迎えたいですか？」

あるデータによれば、この問いかけに８割以上の人たちが在宅での「死」を望んでいる。65歳以上の男性に限れば、９割ちかくが「家で」と答えている。

病院での死を忌避（きひ）する理由は、やりすぎの医療、苦痛の緩和不足、精神的ケア不足、個性が尊重されない、などがあげられる。

（中略）私が生活する佐久地方では、10年以上も前から、５割以上の方々が自宅で死を迎えている（佐久病院地域ケア科統計）。在宅死が、定着しているのである。

なぜ、それが可能なのか。日々の医療実践から体験的に知りえた「畳のうえで死ぬこと」の背景を記してみたい。

「母を病院から家に連れて帰ります。先生、一緒に看取ってくれませんか」

診療所長の任について間もなく、ある女性からそう言われた。

日本の医学教育は「死は敗北」と教える。

「死は誰しも不可避であり､病と闘うというメタファーだけが医療のあり方ではない。患者と寄り添う医療こそめざすべきだ」と私は考えていたが、女性からそう言われて心理的な①葛藤（かっとう）がなかったと言えば嘘になる。

私も「死んだためし」はない。経験則では死は語れない。

ほぼ毎日、往診に通い、そのおばあさんは、家に帰ってから２ヵ月足らずで天寿をまっとうされた。

しばらくして、今度は② 40代半ばの女性から「村に戻って、父の最期を見守りたい。そのためにヘルパーの資格も取りました。父の看取りをお願いします」という連絡をいただいた。彼女はご主人、子どもさんたちと都会で生活していたのだが、これを機に村へ帰ると言う。

（色平哲郎『大往生の条件』角川 ONE テーマ 21 による）

11 ①葛藤（かっとう）がなかったと言えば嘘になるとあるがなぜか。

1 治せる病気なのに、患者の家族が治療をあきらめるということに腹を立てているから
2 患者に家で死を迎えさせたいのに、医学のルールに従わなくてはいけないから
3 患者がいずれ死を迎えるのは当然だと思う一方、医者である以上、治療すべきだと思うから
4 患者に寄り添わなくてはいけないと思うが、患者の家族の考えが理解できないから

12 ②40代半ばの女性はどうしたいのか。

1 畳の上で死にたいので、村に帰りたい。
2 村の出身で、都会で生活していたが、村に帰って父を看取りたい。
3 村で父の面倒をみたいが、都会で仕事をしているので村に帰れない。
4 ヘルパーの資格を取ったので、村に帰って病院で働きたい。

13 本文の内容と合っているものはどれか。

1 筆者の働く地方では家で死ぬ人が半数いるが、それはここ最近のことだ。
2 筆者は実際には死を看取ったことがない。
3 8割以上の人は家で死にたい。とりわけ男性はその傾向が強い。
4 男性が病院で死ぬのを嫌がる理由は苦しみや痛みに弱いからだ。

問題 3　次の文章を読んで、後の問いに対する答えとして最もよいものを、1・2・3・4 から一つ選びなさい。

結局、企画や①<u>アイデアのタネ</u>というのは、多ければ多いほどいいんですね。そして、実は人それぞれ、すでにいろいろなタネを持っているのだと思います。

僕が教えてきた学生の中に、子どもの頃から絵本が好きで、よくお母さんに読み聞かせてもらっていたという女の子がいたんですね。大学四年生になり、「卒業制作で君は何をつくりたいんだ？」と訊(き)くと「『どうぞのいす』をつくりたい」と言います。

僕は、その「どうぞのいす」というものを知らなかったので尋ねると、それは、彼女が子どもの頃に親しんだ絵本に出てくる椅子なのだそうです。

その絵本の内容を少しだけ紹介すると、ある日、疲れたロバが森を歩いていると、誰かが置いていった椅子が目に入りました。そこには「どうぞのいす」と書かれていたので、持っていたドングリを置いて、自分は木陰で昼寝をしていると、次に来た動物が、どうぞのいすの上にあるドングリを食べて、「ありがとう」と、今度は別の何かを置いていきました……という、善意が連鎖していく物語です。

その物語が、彼女の中では印象に強く残っていたんでしょうね。ある時、自分の住む山形の町をはたと見回したら、おばあちゃんがシルバーカーを押して歩いている姿が目に入ったらしいんです。高齢化が進んでいる街で、そういう高齢者がいっぱいいる。

それを見た時に、「どうぞのいす」を思いついたそうです。各家庭で要らなくなった椅子を「どうぞのいす」と名づけて、家の前に出しておき、そこで自由に休んでもらう。そのようなプロジェクトはできないだろうか、と提案されました。

僕はこれを聞いて②<u>すばらしいな</u>と思ったんですよね。それが実現したら「日本一優しい町」になれるかもしれない、と。「どうぞのいす」から発展して、「どうぞの水」「どうぞのトイレ」など、「どうぞ」が溢(あふ)れる町になったらすばらしいですよね。

こうした発想は、自分が幼い頃に読んだ絵本がヒントとなって、ある時、現実と向かい合ったことで生まれたわけですから、やはり、アイデアのタネは、いつどう発芽するかわからない。

ですから、自分が生きてきた中で引っかかったものは、大切に心のポケットの中に入れて、思い続けることです。僕の場合、日常でアンテナに引っかかったものを逐一(ちくいち)メモすることはせず、あえて心の中にしまっておくんです。メモを取ると、その時点で安心してしまうんですよ。それよりも、心の中で思い続けていれば、ある時、具体的なアイデアとなって発芽するものなのだと思います。

（小山薫堂『幸せの仕事術』NHK 出版による）

14 筆者の教え子の①アイデアのタネとはどんなことか。

1 子どもの頃に読んだ本からの発想

2 高齢者が多くなった街

3 卒業制作の内容

4 要らなくなった椅子を貸すこと

15 筆者が②すばらしいなと思ったのはなぜか。

1 学生が子どもの頃から優しい考えを持ち続けているから

2 要らなくなった椅子を再利用できるから

3 「どうぞのいす」によって、優しい町になるかもしれないから

4 幼い時のアイデアがようやく発芽するから

16 筆者は教え子の例を挙げて何を言おうとしているのか。

1 人は色々なアイデアのタネを持っていて、それを形にすることができる。

2 誰かにしてもらったことを忘れなければ、善意は連鎖する。

3 みんなに優しい町をつくれるようにアイデアを絞り出すとよい。

4 子どもの頃にできるだけ絵本を読むとよい。

17 アイデアについて、筆者はどのように述べているか。

1 忘れないようにメモを書いておくとよい。

2 何かを創造するときは、必死で考えなければならない。

3 発想をずっと大切にしていると、いつか実現する。

4 子どもの頃の経験から生まれることが多い。

問題4　次のAとBの文章を読んで、後の問いに対する答えとして最もよいものを、1・2・3・4から一つ選びなさい。

A

世界各国を比較すると、各人が大量の生活用水を利用しているような国では乳児の死亡率は低い。

（中略）しかし、21 世紀を迎えた現在でも、中には 1000 人中 100 人以上の子どもが 1 歳になる前に命を落としている国がある。そういう乳児の死亡率が高い国では、1 人 1 日数十リットルしか生活用水を利用できていない。

実際には社会の開発が水供給や下水道整備など衛生環境の向上と医療水準の上昇をもたらし、総体として乳児の死亡率を下げたと理解するのが妥当であるが、どのくらい水を使っているかは総合的な生活福祉水準を示す良い指標になる。

（沖大幹『水の未来―グローバルリスクと日本』岩波新書による）

B

今後、世界の人口は増え続ける。しかも人口が増える地域は圧倒的に途上国である。

（中略）一人当たりの生活用水の需要の伸びが最も高いと予想されるのはアフリカで、95 年の 1.7 倍、次いでアジアの 1.5 倍である。すでに生活様式が安定しているヨーロッパなどは、伸びがきわめて少なく、北米は、節約の効果を見込んで、需要量はむしろ少なくなる、と考えられている。

問題は、このような需要の伸びに供給が追いつくことができるか、であろう。

（中略）WHO（世界保健機構）の予測によれば、94 年時点で、安全な水の供給を受けられない人の数は、およそ 11 億人いるが、今後その数は増え続ける。そして世界銀行によれば、2020 年には、20 億人が衛生的にも問題がある水を使わなければならなくなるだろう、という。

（中村靖彦『ウォーター・ビジネス』岩波新書による）

18 AとBが共通して問題だと指摘していることは何か。

1 多く水を使う途上国では、水不足になっていること

2 水の供給を受けられない国が増加していくこと

3 生活用水を十分に供給できていない国があること

4 衛生的に問題がある水の使用量が、乳児の死亡率につながっていること

19 水の利用についてAとBはどのように考えているか。

1 AもBも、衛生的な水が利用できる国はごくわずかだと述べている。

2 AもBも、アフリカの水の供給システムが不十分だと述べている。

3 Aは水不足によって乳児の死亡率が上がったと述べ、Bは人口が減少したと述べている。

4 Aは水の使用量と健康リスクの関係を指摘し、Bは人口増加が水不足を招くと述べている。

問題5　次の文章を読んで、後の問いに対する答えとして最も良いものを、1・2・3・4から一つ選びなさい。

二人の父、二人の母の問題はまた、違った観点からも考えることができる。母を例にとると、母なるものは「包含する」機能を主とすると述べたが、これは肯定的、否定的の両面をもっている。子どもを包みこんで養ってゆく肯定面と、包みこむ力が強すぎて子どもの自由を奪い、呑みこんでしまう否定面とが存在する。子どもは一人の母の中に、このような二つの面を見ていることが多い。

ところが、親が、特に母親が子どもに対するとき、自分が親であることの絶対性を疑うことはない。二人の母とか、母性の否定面などということは全然念頭に浮かんで来ない。母親というものは子どもにとって、かけがえのないものであり、絶対的に肯定的な存在であることを確信している。母親はこのような確信に支えられて、子どもに怒るときには①「あんたはうちの子ではない」とか、「出てゆきなさい」と言ったりする。何を言おうが母子の絆の切れないことを前提として行動している。前章にも述べたように、わが国は母性原理の強い国であるから、母親の肯定的な像というものは、疑いを許さぬ存在として考えられてきた。

しかし、子どもが自立しようとするとき、その母親がどんなによい母親でも、母親の否定的側面がにわかに意識されてくる。母親の親切は子どもにとって、自分を呑みこもうとするたくらみとさえ感じられる。（中略）このような子どもの母親は、母性の善意ということに絶対的な信頼をもち、子どもに「親切に」接しようとする。しかし、子どもたちにとって、その親切は子どもの自立性を奪いとろうとする力の侵入として受けとられる。母親自身は、救済者としての観音像を心に描いているとき、子どもの目にはそれは、何ものをも呑みこんでしまう山姥の姿と映るのである。このような「二人の母」の姿はまったく悲劇的である。山姥の害を防ぐため、子どもが母親に打ちかかるとき、母親は観音に打ちかかってくる子どもの心を測りかね、②気が狂ったのではないかと思い悩むのである。

母親の姿の中に山姥を見た子どもは、③「お前なんか親でない」と叫ぶ。しかし、これは母親を否定したのであろうか。多くの場合、その否定は中途半端に終ることになる。というのは、子どもは親に向かって暴力をふるったりしながら、結構その家にとどまって、親のつくった食事をたべたりしているのである。彼らは親の否定の次に来るべき自立へと向う力をもっていないのである。言いかえると、日本における母子の絆は測り難い強さをもっているのである。

（河合隼雄『家族関係を考える』講談社による）

20 ①「あんたはうちの子ではない」とか、「出てゆきなさい」と言ったりするとあるが、筆者は母親がどうしてこのようなことが言えると考えているか。

1 母性には否定的な面もあるから
2 子どもが母の中に肯定的な面と否定的な面を見ているから
3 母親は自分が子どもにとって、絶対的に肯定的な存在であることを確信しているから
4 子どもが自立しようとするとき、母親の否定的側面が意識されざるを得ないから

21 ②気が狂ったのではないかと思い悩むのであるとあるが、筆者はその理由をどのように考えているか。

1 母親は、子どもが自立するときには子どもを呑(の)みこもうとするのが当然だから
2 母親は、子どもにとっては救済者として存在しているから
3 母親は、自分の否定的な面について考えもしないため、子どもの気持ちが分からないから
4 母親は、子どもの目には何ものをも呑(の)みこんでしまう山姥(やまんば)の姿と映ることがあるから

22 ③「お前なんか親でない」と叫ぶとあるが、筆者はそれについてどのように考えているか。

1 子どもはこれをきっかけとして自立への道を歩むのであり、絶対的な否定であると言える。
2 母親は子どもにとって山姥(やまんば)のような存在なのであり、絶対的な否定であると言える。
3 子どもは、否定はしても結局自立へと向う力をもっていないため、中途半端な否定であると言える。
4 子どもは、否定はしても母親の善意に絶対的な信頼をもっている以上、中途半端な否定であると言える。

23 この文章で筆者が述べていることはどれか。

1 母親の子どもに対する善意は、つねに正しく神聖なものである。

2 母親には二面性があるが、否定的な側面の方が大きい。

3 子どもはいつか母親から離れ自立する本能をもっている。

4 わが国では、母親と子どもの絆は非常に強いものである。

問題6　右のページは、来年度４月から給付される奨学金のリストである。下の問いに対する答えとして最もよいものを、1・2・3・4から一つ選びなさい。

24 陳さんは中国からの私費留学生である。現在、大阪にある東西大学文学部の２年生で、来年度（４月）からもらえる奨学金に応募しようと思っている。今までに奨学金をもらったことはない。陳さんが応募できる奨学金はいくつあるか。

1　1つ

2　2つ

3　3つ

4　5つ

25 レミーさんはアメリカからの私費留学生である。現在東京にある東都大学の法学部の４年生で、来年度の４月から修士課程に進むことが決まっている。JLPTのN1には、昨年の12月に合格している。レミーさんが応募できる奨学金で、合計給付額が一番高いものはどれか。

1　パンパシフィック奨学金

2　東都大学奨学金

3　日米基金

4　公益財団法人　山田敏行奨学財団

来年度奨学金一覧

	名　前	給付額	奨学期間	条　件
1	パンパシフィック奨学金	月額 学部生 48,000 円 院生　60,000 円	1 年間	南北アメリカ大陸から来日している留学生で、学問分野の如何を問わず、給付時 3 年次以上の学部生及び大学院生
2	タイガーズクラブ奨学金	月額　30,000 円	2 年間	・現在、学部に在籍する中国国籍の学生 ・在籍期間が残り 1 年未満の学生は応募できない
3	東都大学奨学金	年額 文学部　20 万円 法学部　20 万円 工学部　28 万円 医学部　40 万円	2 年間	・給付時、東都大学に在籍する学部生 ・日本語能力試験（JLPT）N1 合格
4	VJQS 奨学金	月額　40,000 円	卒業までの 3 年間	・国籍不問 ・現在、学部 1 年生であること ・アルバイトをしていないこと
5	(株)川田奨学金	月額 学部生 25,000 円 院生　45,000 円	学部・修士課程在学者は、原則として 2 年間。 博士課程在学者は、原則として 3 年間。	アジア諸国から来日している留学生で、薬学関連分野を専攻する学部生及び大学院生
6	日米基金	年額 65 万円 （1 年間学費免除）	1 年間	・アメリカ国籍を有する留学生 ・来年度 4 月入学予定者（学部、大学院は問わない）
7	公益財団法人山田敏行奨学財団	年額 30 万円 （6 月と 12 月に半額ずつ支給）	1 年間	・応募時に日本国内に居住する者 ・過去に本財団の奨学金を受けていない者 ・半年に 1 回レポートを提出

＊日本国籍を有しない、外国人留学生のみ応募できます
＊国費留学生は応募できません
＊返済の義務はありません

4회

정답 · 해설 – 131p
정답 수
/25 문제

문제 풀이
목표 시간
60분

問題1　次の（1）から（4）の文章を読んで、後の問いに対する答えとして最もよいものを、1・2・3・4から一つ選びなさい。

（1）

少年が、母親が怖いと涙ながらに訴えるとき、それはその少年にとっての真実であるだろうし、それをわれわれは尊重しなくてはならない。しかし、そのことはすぐに母親が怖い人だということにはならないし、ましてや、母親が原因などと速断できるはずもない。そして、われわれは母親に対して会うときも、少年に対してと同様に、簡単にきめつけられたものではないという態度で会ってゆく。

このような態度で会い続けていると、それまで見えなかったものが見えてくるし、一般の人々が思いもよらなかったことが生じてくるのである。

（河合隼雄『こころの処方箋』新潮文庫による）

1　筆者はどうすれば見えなかったものが見えてくると言っているか。

1　子どもの意見も尊重し、大人と同じ態度で接する。

2　周りの考えに惑わされず、自分の判断を信じる。

3　第一印象よりも相手が何を話したかを重要視する。

4　すぐに相手に評価を下さず、相手の言葉をじっくり聞く。

(2)

たとえば、みなさんは、「えー、すみません。今、道がかなり混んでいまして、ミーティングに 30 分ほど遅れそうです……」といった電話を取ったことはないでしょうか。あるいは、約束の時間に催促をしにいったら「あと、30 分でできます」と言われたことがあるかもしれません。

そのような人々の自己申告である「30 分」は、きちんと守られたでしょうか。あるいは、守られたためしがない感じでしょうか。

誤解がないように申し上げておくと、私は彼らを「いい加減な人だ！」と決めつけているわけではありませんし、ましてや「このノロマがっ」などと責めたてたいとも思っていません。彼らは非常に一生懸命な人間であるということは疑わないとしても、なぜかその 30 分という時間が守られにくいという認識は、私が常々思っていることであって、みなさんもそのような経験をしたこともあるのではないでしょうか。

（佐々木一寿『「30 分遅れます」は何分待つの？経済学』日経プレミアシリーズによる）

2 筆者の考えに合うものはどれか。

1 「30 分遅れる」と連絡してきた人はそれ以上遅れることが多い。

2 「30 分遅れる」と連絡してきた人はいい加減な人が多い。

3 よく遅れる人にも一生懸命な人はいるから責めてはいけない。

4 よく遅れる人は周りの人から誤解されやすい。

(3)

個人の人権を主張したり個人の自由を求める文化的歴史的背景に乏しいわが国では、個人主義になじみがなく、国際交流がこれほど盛んになった現在でさえ、往々にして「自由」という言葉は「自由奔放、わがまま勝手、無責任」などと解釈され、よい印象をもたれていないようだ。しかし、これは、とんでもない思い違いであって、真の自由は自立した個人の責任ある発言と行動に支えられているのであって、個人主義の欧米社会を理解する上でも、このような自由主義と利己主義との混同による誤解は困ったことなのである。わが国では何かといえば「国際化」といわれるが、わが国ほど国際化が進んでいない世界の大国も珍しい。

(星野一正『医療の倫理』岩波新書による)

3 文章の内容と合っているものはどれか。

1 自由主義と利己主義は、結局同じ概念である。

2 国際化が進んでいないわが国でも、個人主義は根付いてきている。

3 自由とは本来自立した個人の責任の上に成り立つものだ。

4 個人主義で利己的なわが国は世界の大国と呼ぶに値しない。

(4)

以下は、ある会社が顧客に出した文書である。

20××年6月10日
プルサン商事株式会社
代表取締役　東山一太郎

拝啓　初夏の候　貴社におかれましてはますますご清栄のこととお慶び申し上げます。

平素は格別のご高配を賜り厚く御礼申し上げます。

さて、このたび弊社は経営合理化の一環として、8月末をもちまして、県南支店を閉鎖することに相成りました。これに伴いまして、県南支店の業務は今後県央支店が引き継ぎ、より充実したサービスを心掛けてまいる所存でございます。

皆様には大変ご迷惑をおかけしますが、これを機に、社員一同気持ちを新たにし、皆様の信頼にお応えできるよう倍旧の努力をしてまいる所存でございます。何卒ご理解の上、今後ともお引き立てを賜りますようお願い申し上げます。

まずは略儀ながら書中をもちましてご挨拶申し上げます。

敬具

4 この文書の内容として正しいものはどれか。

1　プルサン商事株式会社の県南支店が営業を停止すること
2　プルサン商事株式会社の社員の不祥事(ふしょうじ)についておわびすること
3　プルサン商事株式会社の県央支店が引越しすること
4　プルサン商事株式会社が8月末まで休業すること

1 회
2 회
3 회
4 회
5 회

問題 2　次の（1）から（3）の文章を読んで、後の問いに対する答えとして最もよいものを、1・2・3・4から一つ選びなさい。

（1）

人は一人では生きられない。気の合う奴とだけ付き合えばいいっていうものじゃない。会社や近所、その他いろいろ、人付き合いをしなければならない。気が合わない人や、嫌な奴ともうまく付き合わねばならない。私が付き合いたいと思う好きな人でも、気難しくて近寄り難い人もいたりする。

そこで大事なものが「交際術」ということになってくる。

何を言うんだ。そんな「交際術」なんていうものが現実社会で役に立つわけがない。人付き合いなんていうのは、結局は心と心の触れ合いだ。本音でぶつかる、腹を割って話をして、はじめてわかり合える。それが人付き合いっていうものだ。

その意見は私も正しいと思う。信頼し合える友達なら、ホントに腹を割って付き合いたい。交際術で着飾った付き合いは、いつかは①メッキが剝(は)がれる。だが、信頼し合える友達ばかりと付き合うわけではない。「十人十色」、いろいろな人がいる。本音で付き合える人もいれば、そうでない人もいる。気難しそうに見える人が実は気さくだったりもするし、気さくに見えても絶対に他人に心を許さない人もいる。人の意見にすぐ左右される人もいれば、どんな正論でも疑って掛かる人もいる。付き合う相手によって、②いろいろな仮面を被って接している人なんていうのは案外多い。

ある程度わかり合えたら本音で付き合うのもありだが、相手を見極めるまでは「交際術」は必要なのだ。

（稲田和浩『落語に学ぶ大人の極意』平凡社新書による）

5　①メッキが剝(は)がれるとは、ここではどういうことか。

1　腹を割って話すということ

2　破たんするということ

3　心と心が触れ合うということ

4　意見がないことがばれるということ

6 ②いろいろな仮面を被って接している人とは、ここではどんな人か。

1 自分の気分次第で表情がころころ変わる人

2 自分の気分を表情に表さない人

3 相手がどうであれ接し方を変えない人

4 相手によって接し方が変わる人

7 「交際術」について、筆者はどのように考えているか。

1 自分の気持ちを素直に打ち明けることと、相手への理解を深めることが重要だ。

2 人の価値観や性格はさまざまだという意識を持って、臨機応変に接することが大切だ。

3 組織やコミュニティでは本音を隠して建て前で動かなければならない。

4 腹を割って話せるようになるまでは、マニュアル的な「交際術」が役に立つ。

(2)

このごろ、日本語が乱れている、敬語が目茶苦茶だ、外来語のカタカナが多すぎる、若者の変な造語がさっぱりわからない、日本語はこの先どうなるんだと、よく話題になる。たしかにそういう気がしないでもない。だが、本当にそうだろうか。

ここで、正しい言葉とは一体何だろうと、もう一度考えてみる必要がある。もし正しい言葉というものが、一つだけはっきり定まっているのであれば、たしかに、皆がそれだけを使えば用は足りることになる。

たとえば水を飲みたいということを言いたいとき、意味が伝わりさえすればいいのであれば、「水が飲みたい」という言い方が一つあれば充分だ。しかし、現実はどうだろうか。①そんな簡単なものではない。

人間の生活や心は限りなく豊かだ。そこで②言葉にもひねりをかけようとする。「ああ、水が飲みてぇな」とか「喉がからっからだ」とか、なぜか一本調子の言い方から外してみたくなる。

とくに、若者は言葉の冒険をすることで自己主張をしたり、目立ちたがる。また、自分たちの遊び心や、グループの仲間意識などを満足させようとする。

若者ばかりでない。職人さんなども、自分たちの職業の特色を表わすために、言葉にひねりをかけることがままある。

正しい言葉というものは、たしかにあるはずだ。しかし、実際に生活のなかで言葉が活(い)きているのは、ひねりをかけて、そこからちょっと外した姿である。だから、逆に活(い)きている言葉は、正しい言葉の外側にあるともいえる。

（栗田勇『日本文化のキーワード―七つのやまと言葉』祥伝社新書による）

8 ①そんな簡単なものではないとあるが、どういうことか。

1 言葉に工夫をもたせればいいということではない。

2 正しい言葉を間違えずに言えばいいということではない。

3 言葉を使って自己主張すればいいということではない。

4 意味が簡単に伝わりさえすればいいということではない。

9 ②言葉にもひねりをかけようとするとはどういうことか。

1 目茶苦茶な敬語を使うこと
2 自分独自の言葉を創り出すこと
3 外来語のカタカナ言葉を多用すること
4 正しい言葉から少し外れた言葉を使うこと

10 筆者の考えに合うものはどれか。

1 最近日本語の乱れが指摘されているが、正しい言葉は言語の外側にあるものだから問題ない。
2 正しい言葉というものは、言い方を一つにしていくことで出来上がっていくものだ。
3 若者や職人さんは、意味が伝わりさえすればいいので正しくない言葉を使う。
4 正しい言葉というものはあるが、それがつねに言いたいことを豊かに表現できるとは限らない。

(3)

少し前から問題になりかけていましたが、2007年になって急に「レジ袋[(注1)]追放運動」が起こり、最近ではスーパーに行くと、「レジ袋はいりますか」と聞かれたり、時にはレジ袋を使おうとすると怒られそうなことすらあります。

あまりよく考えないで、ただ、業者の尻馬[(注2)]に乗った人から、「環境が大切だってことを知らないのですか！」などとお説教されるのには①閉口します。

レジ袋の追放運動を指導している、環境省や自治体、それに同調している大型スーパーの説明は次の通りです。

「レジ袋は日本で一年に300億枚も使われる。そのレジ袋は結局、指定のゴミ袋に入れられて捨てられるのだから、資源のムダ使いだ。ゴミの二重包装になっている。それは②"使い捨て文化"を定着させるから、エコバッグを持って買い物に行こう。ヨーロッパでは昔からそうしている。日本は遅れている」

でも、この理由は本当でしょうか？

大型スーパーは、どんなに考えても「物を少なく売りたい」ようには見えないので信用できませんが、環境省や自治体は、私たちの税金で給料をもらっている人たちなので、国民にウソをつくはずがありません。ですから、日本人の多くがこの説明を信用し、新聞やテレビもさかんに報道していますが、実は、現代の日本という社会は、お役所といっても信用できない哀しい時代なのです。

(武田邦彦『偽善エコロジー「環境生活」が地球を破壊する』幻冬舎新書による)

(注1) レジ袋：買い物をしたとき、購入した商品を入れるためにもらう袋

(注2) 尻馬に乗る：深く考えずに他人の考えや行動に同調する

11 ①閉口しますとあるが、なぜか。

1 大型スーパーは自分の利益ばかりを考えているから

2 知識のない人が、軽はずみに周りの意見に合わせて批判するから

3 環境問題を深刻にとらえていない人たちがいるから

4 環境省や自治体が国民に正しい情報を公開しないから

12 ②"使い捨て文化"とあるが、ここではどういうことか。

1 レジ袋を指定のゴミ袋に入れて捨てること

2 指定のゴミ袋を使わずにゴミを捨てること

3 レジ袋を指定のゴミ袋の代わりに使わないで捨ててしまうこと

4 エコバッグをレジ袋として使い、捨てること

13 レジ袋について、筆者の考えに合うものはどれか。

1 レジ袋はゴミ袋としても使えるから便利だ。

2 レジ袋は資源のムダ使いだと言われているが、信用できない。

3 ヨーロッパのように、レジ袋ではなくエコバッグを使うべきだ。

4 新聞やテレビはもっと「レジ袋追放運動」について報道するべきだ。

1회 2회 3회 4회 5회

問題3　次の文章を読んで、後の問いに対する答えとして最もよいものを、1・2・3・4から一つ選びなさい。

異文化間コミュニケーション研究の権威であり、日米のコミュニケーションを比較する調査研究を行ったバーンランドは、両文化における①<u>コミュニケーション観の違い</u>について、つぎのように指摘している。

要するにアメリカ人にとって、意見が衝突するのは当然のことと見なされている。そこで、相手を説得し自分の意見を通すのがコミュニケーションの最も重要な役割となる。そこでの中心は自己主張である。

一方、日本社会には、意見の対立は何としても避けなければならないといった考えが根強い。それゆえに自己主張は極力避けられる。自己主張でなく、お互いの気持ちを結びつけるのがコミュニケーションの最も重要な役割となっている。いわゆる「和」の雰囲気を醸し出すのがコミュニケーションの目的となる。

双方が自己主張をぶつけ合い、論理的能力で勝負して相手を説得しようとする欧米的なコミュニケーションに対して、日本のコミュニケーションは双方の主張の対立点をぼかし、和気あいあいとした雰囲気を醸し出すために行われる。

自己主張をして相手を説得しようという動機の乏しい日本的コミュニケーションでは、自分の意思の伝達よりも相手の出方を窺(うかが)うのが中心となる。相手の出方を確かめることで、相手と自分がほどほどに納得できるような着地点を見つけようとする。

良好な雰囲気を保つには、一方的な自己主張は何としても避けなければならない。相手の意見や立場を思いやり、相手も自分も納得できるような②<u>落としどころを探らなければならない</u>のだ。

重要なのは、相手の出方を窺(うかが)い、それに合わせて自分の出方を決めること。相手の思いと自分の思いを、いかに調和させるかに腐心することになる。

同時通訳、その後政治家としても活躍した國弘正雄(くにひろまさお)は、日米のコミュニケーション・ギャップについての検討を行っているが、その報告書において、日本的コミュニケーションの特徴について、つぎのような指摘をしている。

「まず指摘すべきことは、われわれの文化においては、言語それ自体、もしくは言語によるコミュニケーションが西欧におけるほど重要視されてこなかった、という点である。

言語というのは自らの意志を伝達する手段であるよりは、むしろ③軽くボールを投げて相手の反応をみさだめ、その反応にみあった次の行動をおこすための手だてでしかなかった。言語を主体的に駆使して自らの意志を述べ、それによって相手を説得し、お互いの間に理解を打ち立てるということは、むしろ下策であると考えられてきたのである。ましてや……討論をかわすということは、むしろうとましく避けるべきこととすらみなされてきた。」

このような文化的伝統を踏まえてみれば、私たち日本人が自己主張をうまくできず、議論が下手なのは、当然のことと言わざるを得ない。相手の出方ばかりを気にしていて、主体性がないとか、自分がないとか批判されるが、それも仕方のないことなのだ。

（榎本博明『「すみません」の国』日経プレミアシリーズによる）

14 ①コミュニケーション観の違いとあるが、どのように違うか。A、Bに入る正しい組み合わせを選びなさい。

「コミュニケーションの役割について、日本は（　A　）と考えているのに対し、アメリカは（　B　）と考えている。」

1　A：自分の意思を伝える手段　　B：相手を説得するための手段
2　A：相手の出方を窺（うかが）う手段　　B：自分の意思を伝える手段
3　A：相手を説得するための手段　　B：一方的な自己主張を避ける手段
4　A：一方的な自己主張を避ける手段　　B：相手の出方を窺（うかが）う手段

15 ②落としどころを探らなければならないとあるが、ここではどういう意味か。

1　自分と相手との妥協点を見つけなければならない。
2　自己主張し、相手を説得しなければならない。
3　自分が納得できなくても、相手に合わせなければならない。
4　討論することを避け、良い雰囲気を保たなければならない。

16 ③軽くボールを投げてとあるが、ここではどういう意味か。

1　自分の意見を軽く言ってみる。
2　相手の意見に軽く異論を唱えてみる。
3　自分の意見とは反対のことを言ってみる。
4　相手の意見に同調してみる。

17 日本とアメリカのコミュニケーションについて、筆者はどのように考えているか。

1 日本人は議論のしかたを訓練するべきで、アメリカ人は相手との調和を考えるべきだ。

2 日本では意見の対立は当然だと考えられ、アメリカではそれを避けるべきだと考えられている。

3 コミュニケーション観に違いはあるが、良好な雰囲気を保つことが重要だという点では一致している。

4 育ってきた文化が違うのだから、コミュニケーション観が違うのは当然のことだ。

問題4　次のAとBの文章を読んで、後の問いに対する答えとして最もよいものを、1・2・3・4から一つ選びなさい。

A

共働きの増加やきょうだいの減少で、介護の分担は以前より難しくなっている。介護施設もすぐには増えない。それでも仕事を続けられる仕組みや取り組みは急務だ。

（中略）

ただ、働き方全体をすぐに見直すのは難しい。だから、まずは既にある介護と仕事の両立支援の制度を使いやすくし、利用を促すことが大切だ。

代表例は介護休業制度だろう。現在の仕組みでは介護を必要とする家族1人につき最長93日まで取得できるが、原則1回に限られる。病院から退院した後に利用する介護サービスを決めるなど、介護の態勢を整えるための制度とされる。

しかし、1回しか使えないことから「いざという時のためにとっておこう」と利用控えが起きているという。

（中略）

介護を必要とする人も、支える人も状況は様々だ。制度に柔軟性を持たせることが欠かせない。

（朝日新聞 2015年9月29日による）

B

家族の介護を理由に仕事を辞める人は年間約10万人に上る。高齢化はこれからが本番で、団塊ジュニア世代の大量離職も懸念される。

企業にとって主要業務を担う人材を突然失えば、影響は計り知れない。このままでは、日本経済全体に影響を及ぼしかねず、首相が対策に踏み出す姿勢を明確にしたことは大きな前進である。

しかし、疑問がある。解決策として介護施設の整備を進めるとしたことだ。

特別養護老人ホーム（特養）の入所待機者のうち、身の回りのことが自分1人でできないのに、自宅で暮らす要介護3以上は約15万人に上る。受け入れ先を整えることで、家族の介護の負担を減らそうという考えであろう。

だが政府は「施設」から「在宅」へのシフトを掲げ、介護施設の新設を抑制してきた。住み慣れた地域で暮らし続けられるよう24時間の巡回サービスや往診、訪問介護を受けられる「地域包括ケアシステム」の普及も急いでいる。こうした取り組みとの整合性をどう図るつもりなのか。

（産経新聞 2015年9月28日による）

18 介護と仕事についてＡとＢで共通している意見は何か。

1 介護と仕事を両立するための制度は全く役に立っていない。

2 介護のための離職を食い止めることは喫緊の課題だ。

3 介護をしている社員を支援しない企業が多い。

4 在宅介護は困難なので、政府には施設を作ってほしい。

19 介護と仕事についてＡとＢはどのように述べているか。

1 Ａは長時間勤務が介護離職の原因なので、それを解決すべきだと言い、Ｂは施設での介護は費用がかさむので、在宅介護を充実させたほうがいいと言っている。

2 Ａはほとんど使われない介護休業制度を廃止すべきだと言い、Ｂは在宅で介護できるようなシステムを構築すべきだと言っている。

3 Ａは介護と仕事の両立支援制度を整備するべきだといい、Ｂは政府の方針が施設での介護か在宅介護がどちらをとるのか不明だと言っている。

4 Ａは企業側としても介護をしている社員に対する支援をもっと充実させるべきだと言い、Ｂは企業が介護のための離職によって受ける影響は甚大だと言っている。

問題 5　次の文章を読んで、後の問いに対する答えとして最もよいものを、1・2・3・4から一つ選びなさい。

教育を仕事にしていると、面白いことがたくさんある。その中の一つに、①「未熟さの効用」とでも言うべき現象がある。知識や教育技術がたとえ未熟であったとしても、不思議と初めて受け持った授業が生徒との間に一番濃い縁を結ぶことがよくある。

通常の仕事は、経験を積み、技術が上がるほど、質が良くなる。教育の世界でも、もちろん経験知は有効に働く。ベテランの安定感は、たしかに大切だ。しかし、教育の場合は、若く未熟であることがむしろプラスに働くケースがよくあるのも事実だ。初年度に受け持った学生たちのことが鮮明に記憶に残り、その後のつき合いも深い、という経験が私にもある。

これはどういうことだろうか。まず考えられるのは、初年度の緊張感が、学生たちに新鮮な印象を与えたということだ。慣れてくると手際が良くなる。すると、学生たちは、安心する一方で油断が出る。レストランで手際のいいコックに料理を出してもらうような気分で、授業を受け始めてしまうのだ。授業を上手にサービスする側と、サービスされる側に、立場がはっきり分かれてしまう。先生はいかにも先生らしく、生徒はいかにも生徒らしい。

こうした関係は、安定はしているが、ときに②新鮮さに欠ける。これに対して、初年度の教師が持つ緊張感は、生徒にも伝染する。その緊張感の共有が、一つの同じ場を作り上げているのだという意識を生みだす。参加し作り上げる感覚が、生徒の方にも生まれる。それが思い出の濃さにもつながる。

ここで初年度というのは、教師になって初めての年度というだけではない。学校を替わって、教師が新たな気持ちで臨むときも新鮮さが出る。あるいは新しい教科を担当し、一生懸命勉強して多少の不安を持ちながらも勢いをつけて切り抜けていくときにも、印象深い授業ができやすい。

ただ単に未熟であることがいいわけではもちろんない。自分が未熟であることを自覚し、その分精一杯準備し、情熱を持って語りかけるときに、未熟さがプラスに転じるのだ。

教育において「新鮮さ」は決定的な重要性を持っている。いわゆる「教師臭さ」は、学ぶ側の構えを鈍くさせてしまう。型どおりの教え方が染みついてしまっている、という印象を与えてしまうだけで大きなマイナスになるのだ。「決まり切った感じ」を印象として与えないようにすることが大切である。

（齋藤孝『教育力』岩波書店による）

20 ①「未熟さの効用」とはどんな効用か。

1 未熟な教師が不得意な教科を学生と一緒に学ぶことで、連帯感が生まれること

2 教師が未熟であると、緊張感が生まれ、学生にとっても印象深くなること

3 教える側が未熟であると、学生が自ら学ぶようになること

4 新任の教師が未熟であれば、早くベテランになろうと考え、努力すること

21 ②新鮮さに欠けるのはどうしてか。

1 教師が教えることに慣れて、立場がはっきりするから

2 学生が授業に参加し、共に学ぶようになるから

3 学生がリラックスして授業を受けられないから

4 教師になって初めて担当するクラスではないから

22 未熟さについて、筆者はどのように考えているか。

1 教育の質をあげなければいけないから未熟な期間は少ないほうがいい。

2 教育においては、未熟さがプラスになることがあるが、そのためには情熱を持って取り組む必要がある。

3 ベテラン教師の授業は、未熟さはないが深い印象を残す。

4 いい意味で未熟さを保つために、学校を替わったり新しい教科を教えたりするとよい。

23 筆者の考えに合うものはどれか。

1 教師の仕事は他の仕事同様、経験が少ないことは大きなマイナスだ。

2 ベテラン教師の「教師臭さ」も、ときに必要である。

3 教師と学生は初めての年度が一番新鮮さがあり、記憶に残りやすい。

4 経験が少なく緊張感がある教師でも、その未熟さゆえに生徒や学生との関係が深くなることがある。

問題 6　右のページは東都市で開かれる市民講座の案内である。下の問いに対する答えとして最もよいものを 1・2・3・4 から一つ選びなさい。

24　この市民講座を受講できるのは次のうちだれか。

1　西都市から東都市に通学している 21 歳の男性
2　東都市の病院に勤務している 29 歳の女性
3　西都市在住で、西都市立小学校で教師をしている 45 歳の女性
4　東都市市役所市民課で働いている 50 歳の男性

25　この市民講座の申し込みについて、合っているものはどれか。

1　人気がある講座なので、早く申し込んだほうがいい。
2　月曜日は市役所では申し込めない。
3　はがきで申し込む場合は、2 月 10 日までに投函（とうかん）しなければならない。
4　車で行く人は申し込みの段階で伝えなければならない。

1 회
2 회
3 회
4 회
5 회

東都市市民講座Ⅳ
「外国人観光客との円滑なコミュニケーション」

東都市市民講座も今回で4回目。毎年大変好評で、多くの方々にご参加いただいています。今回は外国人観光客とのコミュニケーションについて、みなさんと考えてみたいと思います。日本に来る外国人観光客は年々増えています。わが東都市も例外ではありません。外国人観光客とうまくコミュニケーションをとるためには、どんなことに気をつけたらいいでしょうか。

講師　：鈴木一郎氏
　東都大学人文学部教授
　『コミュニケーション心理学』（ソコ出版）　著者

対象　：東都市在住、在勤の18歳以上の社会人（東都市職員を除く）

受講料：無料

定員　：20名
応募者多数の場合は抽選となります。結果ははがき、またはメールでお知らせします。

日程　：20××年3月1日～3月29日
毎週日曜日　全5回
10：00～12：00

会場　：東都市市民センター　小会議室

申し込み方法　：以下の①～③のいずれかの方法でお申し込みください。

① 窓口にて申し込み
市役所市民課窓口にお越しください。
受付時間：水、土、日を除く9：00～17：00

② はがきによる申し込み
「東都市市民講座Ⅳ参加希望」と明記の上、住所、氏名、年齢、電話番号を記入して、下記までお送りください。締切日必着です。はがき1枚につき1名のみ受け付け可能です。
〒321-00××
東都市東町1-1-1　東都市市役所市民課　市民講座係

③ 市役所ホームページからの申し込み
http://www.toutoshi.shiminkouzA.
市民講座のページからお申し込みください。
ただし、毎日午前1：00～4：00まではメンテナンスのため申し込めません。

申し込み期限：20××年2月10日（月）
＊駐車場のスペースには限りがあります。ご利用の方は、申し込みの際、その旨をご記入ください。申し込み後にはお受けできません。
＊申し込み後にキャンセルされる場合は、電話でのみ受け付けております。
電話）021-3××-43××

5회

정답 · 해설 – 132p

問題1　次の（1）から（4）の文章を読んで、後の問いに対する答えとして最もよいものを、1・2・3・4から一つ選びなさい。

（1）

家族とは食の分配をめぐって成立した共食集団であるが、いまや逆に共食をすることが、家族という集団を維持する役割をになっているのである。

機能集団としての意味が弱くなった家庭生活の運営というものは、大人も参加したママゴト遊びのようなものである。そこにおいておこなわれるのは家族の連帯の象徴としての家事であり、食事である。だが、人間にとって機能と象徴のどちらが大切であるかは、簡単には決めがたいことである。たてまえの論理では常に機能論が優先するが、機能が崩壊したときでも象徴さえあれば機能は復活したり、再統合することができるのである。

（石毛直道『食事の文明論』中公新書による）

1　この文章で筆者が言いたいことは何か。

1　家族という集団にとって、食事を一緒にとることが必ずしも重要だとは言えない。

2　家族という集団は、大人も子どもも一緒に遊ぶことで結束を固めることができる。

3　たてまえの論理では常に機能論が優先するので、家事や食事はそれほど大切ではない。

4　一度機能を失った家族が食事の時間を持つことにより、家族の機能を回復することができる。

(2)

一枚の絵には、その時代特有の常識や文化、長い歴史が絡み、注文主の思惑や画家の計算、さらには意図的に隠されたシンボルに満ち満ちています。現代の眼や感性だけではどうにもならない部分が多すぎるのです。

たとえばドガ(注)の踊り子の絵。当時のパリの常識では――現代と全く異なり――バレエはオペラの添え物でしかなく、バレリーナは下層階級出身の、娼婦と変わりない存在でした。それを知っているといないのとでは、ドガの作品が与える印象は一八〇度といっていいほど違ってくるのではないでしょうか。

(中野京子『「怖い絵」で人間を読む』ＮＨＫ出版生活人新書による)

(注) ドガ：フランスの画家、彫刻家

2 筆者の考えに合うのはどれか。

1 絵画を見るときに一番大切なのは見る人の感性である。

2 絵画を見る楽しさは画家の意図を感じることにある。

3 絵画を見るためには予備知識があったほうがいい。

4 絵画のテーマが同じでも画家によって全く違った絵になる。

(3)

言葉は「概念」を伝えることに秀でている。しかし、色や形状のような情報を言語で正確に伝えるには、膨大な情報量を要することになる。数十行分の文章を費やしても、時計の外観を正確に第三者に伝えられるかどうか。

「百聞は一見に如かず」という諺(ことわざ)がある通り、言葉をいくら費やすよりも、非言語情報は正確に対象の形状を伝える。非言語情報は「直接的」に、言語情報は「間接的」に情報を伝えると言ってもいいだろう。

言語は「伝達の道具」ではあるが、情報伝達のための「万能選手」ではない。

というわけで、私たちは、言語情報と非言語情報の特徴を知り、道具として使い分ける必要がある。

(竹内一郎『やっぱり見た目が9割』新潮新書による)

3 この文章の内容と合っているものはどれか。

1 言語情報は非言語情報よりも情報量が豊富である。

2 言語情報は意味や内容を100%伝達できる。

3 非言語情報は言語情報と違い、見たままを伝達できる。

4 非言語情報は外観や形状を伝える道具ではない。

(4)

田中健二様

日頃は格別のご高配を賜り厚く御礼申し上げます。
株式会社羊南コーポレーション　総務部　鈴木でございます。
9月3日付のメールにて本社工場見学について、お申し込みをいただきましたが、あいにく多忙を極めておりまして、ご案内ができない状態になっております。大変申し訳ありません。ご了承ください。年明けには時間に余裕もできると思いますので、その頃、またご連絡させていただきます。
今後ともどうぞよろしくお願いいたします。

株式会社羊南コーポレーション 鈴木一郎
電話：03-1234-56××
メールアドレス：suzukii@××.co.jp
ホームページ：http://www.yncl.××

4 このメールで最も伝えたいことは何か。

1 最近、大変忙しく、工場見学の申し込みを忘れていた。
2 会社では今後、工場見学をしないことになった。
3 現在、工場見学はできない。
4 見学したい場合は、年明けに連絡をしてほしい。

1회
2회
3회
4회
5회

問題 2　次の（1）から（3）の文章を読んで、後の問いに対する答えとして最もよいものを、1・2・3・4 から一つ選びなさい。

（1）

仕事で、ある団体のトップと交渉したときのことだ。天下りというそのトップは、ふんぞり返って、周囲を見下した感じの人だった。（中略）議事と関係のない私のアラを探しては、こき下ろそうとする。私は、こみあげる怒りをぐっと抑え、辛抱強く話を続けた。ちょうど企業をやめて独立したてのころで私も必死だったのだ。しかし、トップがしつこくしつこくあげつらうので、とうとう、私の中で何かが「切れ」た。

こんな奴に、絶対に負けるもんか！

交渉のゴールはこちらの主張を通すこと、結果さえ出せればこっちの勝ちだ。なにがなんでも「結果」を出そうと思った。頭だけ、やけに冷静に戦術を練った。

まず、トップに私が好かれなければならない。私という人間が嫌われたら、私の言うことも聞いてもらえないからだ。①<u>どうやら「切れ」たのは、私の感情と言葉の接続らしい</u>。はらわたは煮えくり返っているのに、口では相手を褒めている。

トップがどんなに論理のはずれた話をしても、うなずきながら最後まで聞く。言おうとしていることを遮ったり、間違いを指摘したりすると、感情的な抵抗にあうからだ。

「いま、おっしゃった○○、とても共感いたします。そのためにはこうしてはどうでしょう」してもいない共感を添えながら、なんとか話を本筋に戻す。

相手のさげすみにも、わきあがってくる感情を、私は殺し続けた。②<u>感情はゴールに必要ない</u>。相手を不快にさせたら元も子もない。

こうして 1 時間半の交渉の末、相手はこちらの主張を受け入れた。

③<u>勝った</u>のだ……。

（山田ズーニー『あなたの話はなぜ「通じない」のか』ちくま文庫による）

5　①<u>どうやら「切れ」たのは、私の感情と言葉の接続らしい</u>とはどういうことか。

1　気持ちが高ぶって、自分の言いたいことが言えないこと

2　気持ちが高ぶって、思ってもいないことを言うこと

3　口から出る言葉が感情的な言い方になること

4　口から出る言葉が自分の気持ちを表していないこと

6 ②感情はゴールに必要ないとはどういうことか。

1 目標達成のためなら、相手を不快にさせてもしかたがない。

2 目標達成のためなら、自分の気持ちはどうでもよい。

3 目標達成のためなら、「切れ」ざるを得ないこともある。

4 目標達成のためなら、相手の感情的な抵抗も受け入れる。

7 ③勝ったとはどういうことか。

1 自分の主張を相手に認めさせた。

2 自分の主張で相手を不快にさせた。

3 相手の主張に抵抗し続けた。

4 相手の主張の間違いを指摘した。

(2)

クラシックの演奏会は、指揮者が瞑想(めいそう)しながら腕を動かし、演奏家たちは黙々と涼しい顔で上品に演奏している——、と思っている人も多いかもしれない。

しかし、①僕の場合、演奏会をすると、決まって体重が３キロは落ちてしまう。それだけ、１回のステージで大量の汗をかくのだ。帰りの衣装ケースも、流した汗のぶんズシリと重くなる。

それは、指揮をするときに派手に動いているからだと言う人もいる。僕の演奏会を聴いた批評家たちが、「彼の指揮はフットボールの選手が動いているようだ」と評していたのも聞いたことがある。（中略）確かに僕は、いかにも“私がマエストロ(注)です”という年寄りじみた指揮が大嫌いである。

（中略）

そのときは、その音が欲しいがために、また引き出したいがために、②そうしているのである。人にどう見られるかということより、自分の音楽を表現しようとすると、自然とそうなるのだ。

汗が吹き出るほどの怒りや哀しみを発散し、ぶつける。そこには、どこまで悲しい思いをしたか、美しいものを美しいと思ったかという心が表現される。

その意味で、指揮者は指揮台の上では何をしてもいいと思っている。欲しい音のためには、まったく誰からも制限されることなどないのだ。たとえば、まったく動かないことがあってもいい。

逆に、拳を突き上げようが、飛び跳ねようが、たとえ指揮台やステージから落ちてしまったとしても——。少々極端かもしれないが、欲しい音のためなら、僕は素っ裸になってもいいとさえ思っている。

（佐渡裕『僕はいかにして指揮者になったのか』新潮文庫による）

（注）マエストロ：（ここでは）名指揮者

8 ①僕の場合とあるが、ほかの場合と何が違うのか。

1 マエストロはたいてい年寄りだが、僕の場合は、そうではない。

2 マエストロは哀しみを表現するが、僕の場合は、喜びを表現する。

3 クラシックの演奏会の指揮者は上品だが、僕の場合はそうではない。

4 クラシックの演奏会の指揮者は動きが少ないイメージだが、僕の場合は激しく動く。

9 ②そうしているとあるが、なぜか。

1 誰かから表現方法を制限されたくないから

2 決まりきった普通のマエストロになりたくないから

3 あまり体重を減らしたくないから

4 筆者が表現したい音を演奏家たちに出させたいから

10 筆者の考えと合っているものはどれか。

1 どれほど悲しいか美しいかを音楽で表すためなら、指揮者は何をしてもよい。

2 美しさを音楽で表現したい場合、指揮者も節度ある指揮をする義務がある。

3 素晴らしい演奏会にするためにはやらなければならないことがたくさんある。

4 指揮者は聴いている人に良い音楽だと思ってもらえるように、表現をしている。

(3)

よく①「グラフに騙（だま）されるな」と言われます。

右肩上がりのカーブが描かれているグラフが二つあり、一方は急角度、もう一方はなだらかな角度を示しています。このグラフを並べて比較すると、急角度で上昇するカーブのグラフが急成長を表し、なだらかなカーブのグラフが緩やかな成長を表すと認識してしまいがちです。（中略）

見せ方によって情報は姿を変えると自覚してください。自ら情報の出所に当たり、第三者から提示された情報を鵜呑（うの）み(注)にしないよう心掛けてください。

マスコミに関しても、報道を正しく解釈するために、リテラシーは必要です。（中略）

新聞を書いているのも、テレビを制作しているのも人間です。絶対的な真実などありません。書き手や制作者のフィルターは、何かしらかかっています。

そうした弊害から逃れるためにも、②必ず原典に当たるべきです。ただ、どの情報が原典なのかを探し出すのはなかなか難しいもの。その際は、使用した資料に書かれている参考文献が手掛かりになります。

何かを調べようとしたとき、書店や図書館で書籍を探したり、インターネットで検索すると思います。関連する資料に行き当たったら、その資料にある参考文献にも当たってください。その文献にも、さらに参考文献が書いてあります。そうしてさかのぼっていけば、目指す原典にたどり着く可能性が高まるのです。

（岩瀬大輔『入社１年目の教科書』ダイヤモンド社による）

（注）鵜呑（うの）みにする：疑うことなく信用する

11 ①「グラフに騙（だま）されるな」とあるが、なぜか。

1 グラフには嘘や正しくない情報が多いから

2 グラフの表し方によっては、印象が異なるから

3 グラフだけではデータの出所がわからないから

4 グラフでは急成長か緩やかな成長かは表せないから

12 ②必ず原典に当たるべきとあるが、なぜか。

1 その情報を提示した書き手の意図が明確ではないから

2 その情報が必ずしも正しいとは限らないから

3 その情報は常に更新されるから

4 その情報の解釈にはリテラシーが必要だから

13 筆者の考えに一番近いものはどれか。

1 グラフの情報には正しいものはないので気をつけるべきだ。

2 情報検索には、図書館、書店、インターネットが役に立つ。

3 新聞やテレビの情報で出所が明らかでない場合は信じてはいけない。

4 手間と時間がかかっても、情報の原典を探し続けることが大切である。

問題3　次の文章を読んで、後の問いに対する答えとして最もよいものを、1・2・3・4から一つ選びなさい。

夜、寝る前に書いた手紙を、朝、目をさましてから、読み返してみると、どうしてこんなことを書いてしまったのか、とわれながら不思議である。

外国で出た手紙の心得を書いた本に、感情的になって書いた手紙は、かならず、一晩そのままにしておいて、翌日、読みかえしてから投函せよ。一晩たってみると、そのまま出すのがためらわれることがすくなくない。そういう注意があった。現実的な知恵である。

それに、どうも朝の頭の方が、夜の頭よりも、優秀であるらしい。夜、さんざんてこずって、うまく行かなかった仕事があるとする。これはダメ。明日の朝にしよう、と思う。心のどこかで、「きょうできることをあすに延ばすな」ということわざが頭をかすめる。それをおさえて寝てしまう。

朝になって、もう一度、挑んでみる。すると、どうだ。ゆうべはあんなに手におえなかった問題が、するすると片づいてしまうではないか。昨夜のことがまるで夢のようである。

はじめのうちは、そういうことがあっても、偶然だと思っていた。①夜の信者だったからであろう。やがて、これはおかしいと考えるようになった。偶然にしては同じことがあまりにも多すぎる。おそまきながら、朝と夜とでは、同じ人間でありながら、人が違うことを思い知らされたというわけである。

“朝飯前”ということばがある。手もとの辞書をひくと、「朝の食事をする前。『そんな事は朝飯前だ』〔＝朝食前にも出来るほど、簡単だ〕」（『新明解国語辞典』）とある。いまの用法はこの通りだろうが、②もとはすこし違っていたのではないか、と疑い出した。

簡単なことだから、朝飯前なのではなく、朝の食事の前にするために、本来は、決して簡単でもなんでもないことが、さっさとできてしまい、いかにも簡単そうに見える。知らない人間が、それを朝飯前と呼んだというのではあるまいか。どんなことでも、朝飯前にすれば、さっさと片付く。朝の頭はそれだけ能率がいい。

おもしろいことに、朝の頭は楽天的であるらしい。前の晩に仕上げた文章があって、とてもこれではいけない。明日になってもう一度、書き直しをしよう、などと思って寝る。一夜明けて、さっぱりした頭で読み返してみると、まんざらでもないという気がしてくる。③これでよいことにしようと考えなおす。

感情的になって書いた手紙は、朝の頭で再考すると、落第するけれども、すべてを拒むわけではない。いいところがあれば、素直に認める大らかさもある。

そういうことが何度もあって、それまでの夜型の生活を朝型に切りかえることにした。

（外山滋比古『思考の整理学』ちくま文庫による）

14 ①夜の信者とあるが、ここではどんな人のことか。

1 手紙は夜書いたほうが気持ちがこもっていていいと考えている人

2 今晩できることでも明日したらいいと考えている人

3 夜のほうが仕事がはかどると考えている人

4 夜考えるより、朝考えたほうがいいアイデアが浮かぶと考えている人

15 ②もとはすこし違っていたのではないかとあるが、筆者はもとの意味をどう考えているか。

1 空腹のほうが仕事が順調に進むという意味

2 朝ご飯の前にすることという意味

3 短い時間でも簡単にできるという意味

4 朝したら効率的にできるという意味

16 ③これでよいことにしようとあるが「これ」とは何か。

1 朝、楽天的な頭になって考えること

2 朝、昨晩書いた文章を書き直すこと

3 昨晩書いた文章を読み返さないこと

4 昨晩書いた文章のままで、直さないこと

17 この文章の内容と合っているものはどれか。

1 朝、前の晩に書いたものを読み返すと、全て書き直したくなる。

2 夜考えることと、朝考えることは同じ人間でも違う。

3 夜やってできなかったことは、朝になってもできない。

4 あらゆる仕事は夜やるよりも朝にやったほうが効率がいい。

問題 4　次の A と B の文章を読んで、後の問いに対する答えとして最もよいものを、1・2・3・4 から一つ選びなさい。

A

中央教育審議会が、2020 年度から始まる次の学習指導要領について答申を出した。（中略）

答申は、小中高の全教科で「アクティブ・ラーニング（能動的学習）の視点」からの授業改革を促している。教員が教え込むのではなく、子どもが主体的に学ぶ授業にするという。（中略）

ただし行政が教え方や評価法を細かく指示し、上意下達で押しつけては、どの学校の授業も金太郎あめ（注）になる。現場の裁量に任せることが必要だ。

子どもの実態を最もよくつかんでいるのは、ほかならぬ現場である。（中略）

学校そして教員は、目の前の子どもたちに向きあい、それを踏まえた教育を行ってほしい。

（朝日新聞 2016 年 12 月 25 日による）

（注）金太郎あめ：どれも似ていて個性がないこと

B

2020 年度の小学校から中学、高校と順次全面実施される次期学習指導要領の内容について、中央教育審議会が文部科学相に答申した。

「何を教えるか」だけではなく、子供たちが「どう学び、どんな力を主体的に身につけるか」に力点を置く。能動的に課題を探究し、他者とも協働して解決に取り組むような「アクティブ・ラーニング」を全教科に通じる理念とする。（中略）

文科省は、例えば小学校の英語について、リーダー的教員の育成と研修の拡充、外国語指導助手（ALT）ら外部人材の活用策など支援策を急ぎ講じるという。

だが、授業時間数が現行の指導要領で満杯状態で、どう英語の増加分を確保していくか。授業の短時間分割などが考えられているが、確たる解決策はない。（中略）

いわば、量も質も、という転換である。子供が主体だが、学校や教員も主体的に取り組み、対話し、工夫を重ねる必要がある。

（毎日新聞 2016 年 12 月 25 日による）

18 アクティブ・ラーニングについて A と B が共通して述べていることは何か。

1 子供が主体の授業をするため、教員はリーダー的役割が果たせる子供を育成していかねばならない。

2 子供が主体的に学ぶ授業だが、そのためには教員も自らの役割を理解し、主体的に取り組まねばならない。

3 教員の授業時間数を減らす一方で、子供が自ら授業を組み立てていける環境を作らねばならない。

4 子供たちが他者とも協働して問題解決に取り組むような授業の時間数を増やしていかねばならない。

19 次の学習指導要領の実施にあたり、A と B はどのように考えているか。

1 A は政府が教え方や評価法を細かく指示すべきだと考え、B は外部の人材をもっと活用すべきだと考えている。

2 A は各学校が教育を変えていくべきだと考え、B は各学校が人材を育成・研修し、教育計画を立てるべきだと考えている。

3 A は子どもの実態をよくつかんでいる現場の教員が主体的に動くのがよいと考え、B は子供たちが自ら考え、課題を探求しながら学習するのがよいと考えている。

4 A は政府が促す教育改革だが、教員に裁量を任せることも必要だと考え、B は教員や学校がよく話し合い、工夫することが必要だと考えている。

問題 5　次の文章を読んで、後の問いに対する答えとして最もよいものを、1・2・3・4 から一つ選びなさい。

①人はみな、何となく生きている。

いきなりそんなことを言われると心外に思う人がいるかもしれませんが、人間の行動の 95％は無意識が支配していると言われています。例えば、お風呂に入って身体を洗う時、何か他のことを考えながらでも、行為を完了させることが出来ます。また、腕組みをする時には、左右どちらの腕を上にして組むかは各々で決まっているはずです。しかし、それがどちらの腕であるかを、実際にやらずに即座に答えられる人はどのぐらいいるでしょうか？

つまり、ほとんどの人の行動は無意識に、反射的に行われているのです。そして、それは行動に限られたことではなく、実は言動にも同じことが言えます。何気ない会話の中で自分が発する言葉を、一つひとつ考えて話している訳ではありません。だから、「そんなつもりじゃなかったのに……」と、相手に思わぬ誤解を生むケースもまま生じてしまいます。

人間はすべてが意識の下で動いていると思いがちですが、その割合は実に低いと言わざるを得ません。このあたりの意識・無意識の研究は、著名な脳科学者の間で議論され、出版物も数多く、実に興味深いのですが、あまりに耽(ふけ)る(注)と自分は何者かなどと考えてしまうことも無きにしもあらず、ですので②一応お断りをしておきます。

そんな無意識が支配する生活において、自分のカラダに対して意識的な人の数もまた極めて少ないように思います。しかし、そう聞くと意外に思われる人も多いのではないでしょうか？

昨今の健康意識の高まりは、もうとっくにブームなどという段階を通り越し、超高齢社会を目前にその勢いは増すばかりです。さらには、食に対する意識、原発問題をはじめとした環境への不安など、本人はもちろん、次世代を担う子供たちへの影響を懸念し、カラダに対する意識が否応無しに高まる時代でもあります。アレを食べてはいけないだの、ナニナニをすると病気になるだの、人々の不安を煽(あお)る少々怪しげな「健康本」がベストセラーになる時代。そして、誰かがよいと火をつければ、すぐに広がり、「にわか健康ブーム」が巻き起こる。

しかし、その時々の流行に乗ってブームをつくる、一見「敏感な人」たちは、実はいちばん自分のカラダに「鈍感な人」たちなのです。

（亀田圭一『カラダにいい！がカラダを壊す』日経プレミアシリーズによる）

（注）耽る（ふける）：他のことを忘れて夢中になる

20 ①人はみな、何となく生きているとあるが、どういうことか。

1 人は何か行動する時、何も考えずにしている。

2 周りの人の気持ちを考えずに行動や発言をしている。

3 人はなぜ生きているのかを考えずに毎日を過ごしている。

4 人は自分が何者であるかを考えたことがない。

21 ②一応お断りをしておきますとあるが、筆者は何が言いたいのか。

1 興味深い話題ですが、私は考えたくありません。

2 人間はすべてを意識して行動していると思いがちですが、そうではありません。

3 どのような研究や議論がされているか、前もって教えてください。

4 この話題についていくら考えても、問題が大きくなるだけなので注意してください。

22 昨今の健康意識の高まりについて筆者の意見と合っているものはどれか。

1 ブームが来ては去り、来ては去りを繰り返しており、勢いは変わらない。

2 食に対する不安を持っている人は多い反面、環境に対する不安を持つ人は少ない。

3 人々の健康の不安を煽る（あお）本は、内容が不正確でも売れることがある。

4 人々は次世代のことなどかまわず、自分の健康さえよければいいと考えている。

23 この文章で筆者が述べていることは何か。

1 健康意識の高い人ほど、自分のカラダについて知らない。

2 自分の健康のために、カラダにいいことはいろいろ試すといい。

3 今、世の中で何が流行っているか、もっと関心をもつべきだ。

4 病気になっても、自分のカラダの痛みに気づかない人が増えてきた。

問題６　右のページはある大学の進学希望者への案内である。下の問いに対する答えとして最もよいものを、1・2・3・4から一つ選びなさい。

24 文学部で学ぶ留学生のカンさんは大学卒業後、進学したいと思っている。カンさんが必ず参加しないといけないものはいくつか。

1　一つ

2　二つ

3　三つ

4　四つ

25 日本の大学でロボット工学を専攻している日本人学生の山田さんは、先輩から進学についての話を聞きたいと思っている。また、任意のものも含め自身に関係のある進学に関する説明会等にすべて参加したいと思っている。7月は研修で海外に行く山田さんが参加するものはどれか。

1　①と⑤と⑥

2　①と⑥と⑧

3　①と③と④と⑥

4　①と④と⑤と⑥

進学希望者の説明会等の案内

当大学のキャリアセンターでは、就職支援だけでなく、進学希望者へのサポートも行っております。

以下の表は来春進学希望者に向けての行事の案内です。当大学大学院のほか、他大学の大学院への進学希望者も対象です。進学説明会は必ず参加してください。その他は任意です。どれもキャリアセンターで申し込みの上、ご参加ください。申し込みなしでの参加はできません。

①	4月13日(木)	進学説明会A	大学院進学状況・入試の種類・受験対策・進学後の進路について
②	4月14日(金)	留学生進学説明会A（留学生対象）	（留学生対象）留学生の大学院進学状況・入試の種類・受験対策・進学後の進路について
③	5月15日(月)	OB・OG体験談（文系の学生対象）	当大学を卒業し、大学院生となった先輩を招き、体験談を伺う。懇親会もあり。
④	5月16日(火)	OB・OG体験談（理系の学生対象）	当大学を卒業し、大学院生となった先輩を招き、体験談を伺う。懇親会もあり。
⑤	5月21日(日)	合同進学相談会	当大学の大学院の全研究科が一堂に会し、大学院の説明会を行う。他大学の学生も参加可。
⑥	6月1日(木)	進学説明会B	個別相談
⑦	6月2日(金)	留学生進学説明会B（留学生対象）	個別相談
⑧	7月27日(木)	試験対策講座A	面接時の注意点を確認し、ロールプレイで面接の練習を行う。
⑨	7月28日(金)	試験対策講座B	面接時の注意点を確認し、ロールプレイで面接の練習を行う。（試験対策講座Aと同内容）

＊注意事項：進学希望者は①、⑥（留学生は②、⑦）に必ず出席してください。留学生は①、⑥にも参加できますが、その場合も②、⑦にも参加してください。

＊場所はすべて2号館セミナールームBです。

西春大学　キャリアセンター

집필진 소개

上田暢美 (うえだ のぶみ) 우에다 노부미
大学・日本語学校非常勤講師
대학·일본어학교 비상근 강사

内田嘉美 (うちだ よしみ) 우치다 요시미
日本語学校非常勤講師
일본어학교 비상근 강사

桑島卓男 (くわじま たくお) 구와지마 타쿠오
元日本語講師／北海道厚沢部町公営塾 講師
전 일본어 강사, 홋카이도 앗사부초 공영 학원 강사

糠野永未子 (ぬかの えみこ) 누카노 에미코
大学・日本語学校非常勤講師
대학·일본어학교 비상근 강사

吉田歌織 (よしだ かおり) 요시다 카오리
大学・日本語学校非常勤講師
대학·일본어학교 비상근 강사

若林佐恵里 (わかばやし さえり) 와카바야시 사에리
日本語教師／日本語教師養成講座講師／ライター
일본어 교사, 일본어 교사 양성 강좌 강사, 작가

安達万里江 (あだち まりえ) 아다치 마리에
関西学院大学国際学部日本語常勤講師
간사이가쿠인대학 국제학부 일본어 상근 강사

정답
해설

1회

問題 1

1 4 첫 번째 문장에 주목한다.

2 4 마지막 문장에 주목한다.

3 2 네 번째 단락(위에서 일곱 번째 줄)에 「締めくくる 결말을 짓다(= 終える 끝내다)」가 있고, 여섯 번째 단락의 첫 번째 문장에 「自分から 스스로」가 있다.

4 3

問題 2

5 3 바로 앞에 「人間の心の底の通い合い 인간의 마음속 깊은 소통」이 있다.

6 2

7 1 네 번째와 다섯 번째 단락에 주목한다.

8 1

9 3 마지막 단락에 주목한다.

10 4

11 3

12 4 마지막 단락에 주목한다. 인공 지능은 인간과 달리 죽음을 전제로 하지 않는다. 그러므로 「人間に及ばない 인간에 미치지 못한다」라고 말할 수 있다.

13 2 세 번째 단락의 「模倣 모방」 = 「真似すること 흉내 내는 것」

問題 3

14 2

15 2 (中略 중략) 바로 뒤 단락에 주목한다.

16 1

17 1

問題 4

18 1 A, B 각각의 세 번째 단락에 주목한다.

19 1

問題 5

20 3

21 4 네 번째 단락에 주목한다.

22 1

23 2

問題 6

24 4 1 ⇒ 다른 사람이 찍었으므로 ×
2 ⇒ 주제에 맞지 않으므로 ×
3 ⇒ 사람이 찍혀 있지 않으므로 ×

25 3 1・2 ⇒ 「5. 応募方法 응모 방법」을 읽으면 우편 발송만 가능하다는 것을 알 수 있으므로 ×
4 ⇒ 「4. 応募規定 응모 규정」에 있는 ＊에 '동일한 주제에 두 점 이상을 응모할 수 없습니다'라고 되어 있으므로 ×

2회

問題 1

1 2

2 3 본문 중의 「タコツボ 문어 잡는 항아리」 = 문어를 잡기 위해 바닷속에 던져 두는 항아리

3 3

4 2

問題 2

5 1

6 2 바로 앞에 서구 사회에서는 법이 존중받아 왔다고 나와 있다. 첫 번째 단락의 마지막 문장과 함께 생각한다.

7 4

8 3 바로 앞 문장에 주목한다.

9 2 「急場 절박한 경우, 고비」 = 곧바로 조치하지 않으면 안되는 상황

10 3

11 3

12 2 「メタボリック症候群(しょうこうぐん) 대사 증후군」이란 비만이 계기가 되어 병에 걸리기 쉬운 상태가 되어 있는 것을 말한다. 여기서는 사회의 '비만화'를 문제시하고 있다.

13 1

問題 3

14 3 바로 앞에 「サービス…を享受(きょうじゅ)できる他者(たしゃ)の出現(しゅつげん)を 서비스…를 누릴 수 있는 다른 이의 출현을」이라고 나와 있다.

15 4

16 1

17 1

問題 4

18 4

19 2 A, B 둘 다 세 번째 단락의 두 번째 문장에 주목한다.

問題 5

20 2

21 4 바로 뒤 문장에 주목한다.

22 2

23 3

問題 6

24 2 「入会手続(にゅうかいてつづき) 입회 수속, 입회 절차」에 입회금을 지불하는 것, 학생은 학생증을 확인하는 것이 쓰여 있다. 연회비는 등록한 뒤에 지불한다.

25 3 1 ⇒「会員特典(かいいんとくてん) 회원 특전」의 ※에 따르면 회원증 제시가 필요하기 때문에 ×

2 ⇒「会員特典(かいいんとくてん) 회원 특전」에 따르면 매달 월말은 10% 할인이므로 ×

4 ⇒「会員特典(かいいんとくてん) 회원 특전」에 따르면 받을 수 있는 것은 에코백과 달력 둘 중 하나이므로 ×

3회

問題 1

1 4

2 2 「縄張(なわば)り意識(いしき) 영역 의식」= 자신의 영역을 강하게 의식하여 그곳에 들어온 타인을 배제하려는 생각

3 1

4 3 본문 중의「選任(せんにん) 선임」= 어떤 사람을 뽑아서 그 임무를 수행하도록 하는 것

問題 2

5 3

6 3

7 4 다섯 번째 단락「人間性(にんげんせい)が悪(わる)ければ 인간성이 나쁘면」및 여섯 번째 단락「人柄(ひとがら)が悪(わる)ければ 인품이 나쁘면」에 주목한다.

8 1

9 2

10 4 다섯 번째 단락의 네 번째 문장에 주목한다.

11 3

12 2

13 3

問題 3

14 1

15 3

16 1

17 3

問題 4

18 3

19 4 A는 마지막 문장에, B는 마지막 단락에 주목한다.

問題 5

20 3 바로 앞 문장에 주목한다.

21 3

22 3

23 4

問題 6

24 2 해당하는 것은 2와 7

1 ⇒ 팬퍼시픽 × (남북 아메리카 대륙)

3 ⇒ 도토대학 × (도토대 학생)

4 ⇒ VJQS × (학부 1학년생)

5 ⇒ 가와다 × (약학 관련 분야)

6 ⇒ 일미 × (미국 국적)

25 1 팬퍼시픽 = 12개월 X 6만 엔 = 72만 엔

도토대학 = 장학금 지급 시에 학부생이 아니므로 애당초 신청 불가능

일미 = 65만 엔

야마다 토시유키 = 30만 엔

4회

問題 1

1 4 「このような態度(たいど)で 이와 같은 태도에서」의 「このような 이와 같은」이 어디에 있는지 생각한다. 그 앞 문장에 주목한다.

2 1 마지막 문장에 주목한다. 「彼(かれ)ら 그들」이란 30분 늦어진다고 자진 신고한 사람을 가리킨다.

3 3 「しかし 하지만」의 뒷부분에 주목한다.

4 1 「さて 자, 그런데, 다름이 아니라」의 뒷부분에 주목한다.

問題 2

5 2

6 4

7 4 마지막 문장에 주목한다.

8 4

9 4

10 4 마지막 단락에 주목한다.

11 2 「閉口(へいこう)する 질리다」란 지긋지긋해 하는 모습. 왜 지긋지긋한 것인지는 같은 단락의 문장에 주목한다.

12 1

13 2 「でも、この理由(りゆう)は本当(ほんとう)でしょうか 하지만 이 이유는 정말일까요?」에 주목한다.

問題 3

14 2 일본에 대해서 ⇒ 세 번째 ~ 다섯 번째 단락에 주목한다.

미국에 대해서 ⇒ 두 번째 단락에 주목한다.

15 1

16 1

17 4 마지막 단락에 주목한다.

問題 4

18 2 A, B 둘 다 첫 번째 단락에 주목한다.

19 3

問題 5

20 2

21 1 네 번째 단락 「こうした関係(かんけい) 이러한 관계」의 「こうした 이러한」이 어디를 가리키는지를 생각한다. ⇒ 바로 앞의 세 번째 단락에 주목한다.

22 2

23 4

問題 6

24 2 1 ⇒ 학생은 ×

3 ⇒ 도토시에 살고 있지 않고, 일하고 있지도 않다.

4 ⇒ 시청에서 일하고 있는 사람은 ×

25 4 1 ⇒ 응모자가 다수인 경우는 추첨

2 ⇒ 수요일, 토요일, 일요일은 신청할 수 없다.

3 ⇒ 2월 10일 필착(정해진 기일까지 도착)

5회

問題 1

1 4 마지막 문장에 주목한다.「象徴 상징」이란 여기서는 식사를 가리킨다.

2 3 마지막 문장에 주목한다.

3 3 비언어 정보는「直接的 직접적」, 언어 정보는「間接的 간접적」

4 3「多忙を極めておりまして、ご案内ができない 매우 분주하여 안내를 할 수 없다」=「工場が忙しいので見学はできない 공장이 바빠서 견학은 할 수 없다」

問題 2

5 4 바로 뒤 문장에 주목한다.「はらわたが煮えくり返っている 속이 부글부글 끓고 있다」는 매우 화를 내고 있는 모습

6 2

7 1

8 4

9 4

10 1 마지막 두 단락에 주목한다.

11 2

12 2

13 4 마지막 단락에 주목한다.

問題 3

14 3

15 4 바로 뒤 단락에 주목한다.

16 4

17 2

問題 4

18 2 A는 세 번째 단락, B는 마지막 단락에 주목한다.

19 4

問題 5

20 1

21 4

22 3 불안을 부채질하는 정보는 금방 퍼진다고 나와 있다.

23 1 마지막 단락에 주목한다.

問題 6

24 2 ②와 ⑦ 2개

25 4 ②와 ⑦은 유학생 대상이므로 관계없다. ③은 문과 학생 대상이고, ⑧과 ⑨는 연수로 해외에 가므로 참가할 수 없다.

MEMO

MEMO

MEMO

초판인쇄 2023년 8월 21일
초판발행 2023년 8월 31일

저자 上田暢美, 内田嘉美, 桑島卓男, 糠野永未子, 吉田歌織, 若林佐恵里, 安達万里江
편집 조은형, 김성은, 오은정, 무라야마 토시오
펴낸이 엄태상
디자인 이건화
조판 이서영
콘텐츠 제작 김선웅, 장형진
마케팅본부 이승욱, 왕성석, 노원준, 조성민, 이선민
경영기획 조성근, 최성훈, 김다미, 최수진, 오희연
물류 정종진, 윤덕현, 신승진, 구윤주

펴낸곳 시사일본어사(시사북스)
주소 서울시 종로구 자하문로 300 시사빌딩
주문 및 문의 1588-1582
팩스 0502-989-9592
홈페이지 www.sisabooks.com
이메일 book_japanese@sisadream.com
등록일자 1977년 12월 24일
등록번호 제 300-2014-92호

ISBN 978-89-402-9368-3 (14730)
978-89-402-9365-2 (set)